중국어 첫걸음

홍영희 저

제이앤씨
Publishing Company

머리말

올해로 한국과 중국이 수교를 맺은 지 20년이 되었습니다.

최근 개혁개방과 더불어 갈수록 세계를 향해 발걸음을 내딛고 있는 중국의 발전과 변화는 세계 각국의 많은 관심의 대상이 되고 있습니다.

그와 함께 중국어의 위상도 갈수록 높아지고 있으며, 최근 이러한 중국어의 위상과 더불어 우리나라에서도 조기유학 열풍과 각 대학 내에는 중국과 연관된 단과대학까지 생겨나고 있습니다.

중국어를 배우고자 하는 사람들의 수요에 발맞추어 중국어 회화책은 물론 중국과 연관된 서적들이 하루에도 몇 십 권씩 출판되고 있는 가운데 또 한권의 회화책을 낸다는 것은 차별화를 염두에 두지 않고는 불가능하다는 생각이 들었습니다.

대학에서 중국어를 강의한지도 이미 10년이 넘었지만, 갈수록 달라지는 학생들의 수준에 그 학생들의 눈높이에 맞게 만든 교재가 없다는 것이 항상 마음에 걸려서 그동안 준비한 교재를 다듬어서 내기로 마음을 먹었습니다.

이 책의 기본은 아무리 기초라고 하지만 너무 쉽게 혹은 너무 급하게 공부하기 보다는 정도에 맞게 단계별로 레벨을 높이려고 노력했고, 처음 배우면서 발음과 단어를 함께 하는 번거로움을 준비단계와 본 단계의 발음과 회화부분으로 분류하면서 체계적으로 배열하였습니다.

한자의 원류 부분에서는 각 과에 나온 글자중 한 글자를 선택해서 한자의 원류인 갑골문(甲骨文), 금문(金文), 전국문자(戰國文字), 소전(小篆), 예서(隸書), 해서(楷書), 행서(行書), 초서(草書)를 넣어 한자에 대한 이해를 높이고자 하였습니다.

마지막 부분의 간체자 쓰기부분에는 번체자의 음과 훈을 달아서 우리나라 한자인 번체자에 대한 이해도 함께 높이고자 합니다.

아무쪼록 기초 중국어를 배우는 초보자들이 이 책으로 중국어에 대한 흥미와 관심을 더욱 높였으면 하는 게 저자의 바램입니다.

이 책을 집필하면서 언제나 나를 믿고 이 교재의 원고 집필을 도와준 정연실 동학에게 감사드리고, 마지막 교정을 위해 꼼꼼하게 짚어 준 제자 엽취화 학생과 출판사의 힘든 상황에도 불구하고 선뜻 책을 내주시겠다고 결심하신 제이앤씨 윤석현 사장님께도 감사의 말씀을 전합니다.

차 례

제1부 준비마당

제1장 　중국어 터잡기 ··· 9
제2장 　발음 다지기 ·· 11
제3장 　실전! 발음겨루기 ·· 25

제2부 중국어 실전

제 1과 　你好！(안녕하세요!) ··· 41
제 2과 　你忙吗？(바쁘세요?) ·· 51
제 3과 　我是学生。(저는 학생입니다) ································· 61
제 4과 　你学习什么？(당신은 무엇을 배우십니까?) ················ 71
제 5과 　一斤苹果多少钱？(사과 한 근에 얼마입니까?) ············ 83
제 6과 　你在哪儿工作？(당신은 어디에서 일을 하십니까?) ······· 93
제 7과 　你家有几口人？(당신의 식구는 몇 명입니까?) ·········· 105
제 8과 　今天几月几号？(오늘은 몇 월 몇 일입니까?) ············ 113
제 9과 　现在几点？(지금 몇 시입니까?) ····························· 123
제10과 　北京站怎么走？(북경역은 어떻게 갑니까?) ··············· 135
제11과 　你要点什么菜？(당신은 어떤 음식을 시키시려구요?) ···· 145
제12과 　你会说汉语吗？(당신은 중국어를 할 수 있습니까?) ···· 155
제13과 　自我介绍。(자기소개) ··· 165

연습문제 정답 ··· 177
본문 해석 ··· 191

준비마당

제 **1** 부

중국어를 배운다는 것은?

- 북경어를 통한 보통화 배우기.
- 한어병음을 통한 중국어 발음 익히기.
- 간체자를 읽고 쓰기.

준비마당　　　　　　　　　　　　　　　중국어 첫걸음

 **제1장
중국어 터잡기**

1　▷ 중국어 표준어와 방언

중국은 56개의 민족으로 이루어진 다민족 국가이며, 또한 지역마다 방언의 차이가 매우 심하다. 학자들마다 방언지역의 분류에는 차이가 있지만, 기본적으로 북방(北方)방언, 오(吳)방언, 상(湘)방언, 감(贛)방언, 객가(客家)방언, 월(粵)방언, 민(閩)방언의 7개 방언지역으로 분류를 하고 있다. 우리가 배우는 중국어 표준어는 중국인이 공통으로 사용하는 언어이며, 보통화(普通話)라고 한다. 보통화는 '북경음을 표준으로 하고, 북방어를 기초방언으로 하며 모범적인 문학작품을 문법의 표준으로 삼는 것'이다. 중국어 첫걸음으로 중국 표준어를 공부한다.

2　▷ 중국어의 발음 표기법 - 한어병음

한자는 표의문자(表意文字)이므로 한자만으로는 그 독음(讀音)을 정확히 나타낼 수가 없었으므로, 중국에서는 예로부터 한자에 독음을 다는 여러 가지 주음(注音) 방법이 사용되어 왔다. 신해혁명(1911년) 이후에 주음자모, 국어로마자, 라틴화신문자 등이 잇달아 제정되었는데, 특히 국어로마자와 라틴화신문자는 나중에 한어병음의 기초가 되었다. 1958년 한어병음방안이 공포된 이후 중국에서 알파벳을 활용한 한어병음 표기법을 사용하고 있다. 대만에서는 주음자모(注音字母)를 계승한 주음부호(注音符號) 표기법을 사용하고 있다. 중국어 첫걸음에서는 중국 대륙에서 사용하는 한어병음(漢語拼音)으로 발음을 표기한다.

③ 간체자와 번체자

3,000여년의 역사를 지닌 한자(漢字)는 세계에서 가장 오래된 문자 중의 하나로서 중국 문화유산의 주체이며 한국과 일본은 한자문화권의 중심이다. 하지만 한자는 쓰기에 복잡하고 학습하기 어렵다는 큰 단점을 가지고 있다. 1956년부터 중국 정부는 한자간화운동을 통해 한자의 획수를 간략하게 줄인 간체자를 제정 공포하였는데, 이것이 현재 중국 대륙에서 사용하고 있는 한자이다. 간체자(簡體字)는 한국, 대만, 홍콩, 일본 등지에서 사용하고 있는 번체자와는 그 자형에서 차이가 있지만, 번체자(繁體字)를 기초로 대부분이 규칙적인 변화로 바뀐 것이 많으므로 학습에 큰 어려움은 없다. 중국어 첫걸음에서는 간체자를 사용한다.

제2장
발음 다지기

중국어의 음절(音節)은 크게 두 부분으로 나뉘는데, 음절의 처음에 나오는 자음을 성모(聲母)라고 하고, 성모를 제외한 나머지 부분을 운모(韻母)라고 한다. 예를 들어 'guāng'에서 'g'는 성모이고, 'uang'은 운모이다. 성모는 없고 운모만 있는 음절을 '영성모(零聲母)'라고 하며, 'ying', 'wen'처럼 'y'나 'w' 등으로 표시한다. 현대 중국어 보통화에는 성모와 운모가 결합한 음절이 약 400여개가 있다.(37Page 참조)

1. 자음

자음은 성모(聲母)라고도 하며 모두 21개이다. 발음의 위치에 따라 자음을 소개하면 다음과 같다.

	무성음(不帶音)				유성음(帶音)		무성음(不帶音)	유성음(帶音)
	파열음(塞音)		파찰음(塞擦音)		비음(鼻音)	변음(邊音)	마찰음(擦音)	마찰음(擦音)
	무기음(不送氣)	유기음(送氣)	무기음(不送氣)	유기음(送氣)				
쌍순음(雙脣音)	b	p			m			
순치음(脣齒音)							f	
설첨음(舌尖音)	d	t			n	l		
설근음(舌根音)	g	k					h	
설면음(舌面音)			j	q			x	
설치음(舌齒音)			z	c			s	
권설음(卷舌音)			zh	ch			sh	r

준비마당

1. 발음 부위에 따른 분류

쌍순음(雙脣音) : 윗입술과 아랫입술이 닿아서 나는 소리 : b, p, m.
순치음(脣齒音) : 윗니가 아랫입술에 가볍게 닿아서 나는 소리 : f.
설첨음(舌尖音) : 윗니가 혀의 가장 끝 부분에 닿아서 나는 소리 : d, t, n, l.
설근음(舌根音) : 혀뿌리가 연구개에 닿아서 나는 소리 : g, k, h.
설면음(舌面音) : 혀의 앞이나 중간 뒷부분이 경구개나 연구개에 닿아서 나는 소리
: j, q, x.
설치음(舌齒音) : 혀끝이 아랫니에 닿아서 나는 소리 : z, c, s.
권설음(卷舌音) : 혀끝을 올려 앞 경구개에 닿아서 나는 소리 : zh, ch, sh, r.

2. 발음할 때 성대의 진동여부에 따른 분류

유성음(有聲音) : 濁音이라고도 한다. : b, d, g, p, t, k, j, zh, z, q, ch, c, f, h, x, sh, s.
무성음(無聲音) : 淸音이라고도 한다. : m, n, l, r.

3. 발음 할 때 기류를 보내는지 여부에 따라

유기음(有氣音) : 강한 기류를 내보내어 생기는 음. : p, t, k, q, ch, s.
무기음(無氣音) : 기류를 내보내지 않는 음. : b, c, g, j, zh, z.

4. 발음 방법에 따라서

파열음(破裂音) : 발성기관을 폐쇄했다가 기류를 내보내며 파열시키는 음.
: b, d, g, p, t, k.
파찰음(破擦音) : 발성기관을 폐쇄시켜 공기를 압축했다가 일시에 공기를 파열시키는 게 아니라 천천히 내보내면서 마찰시키는 음.
: j, zh, z, q, ch, c.
마찰음(摩擦音) : 발성 기관의 간격을 좁히고 그 좁은 틈새로 폐에서 나오는 공기를 스쳐 나가게 발음하는 음. : f, h, x, sh, r, s.
비 음(鼻 音) : 구강 부위가 막혀 비강의 통로가 열리면 기류가 비강을 통해 나가 생기는 음. : m, n.
변 음(邊 音) : 혀가 중간 통로를 막아 기류가 혀의 양쪽(혹은 한쪽)으로만 나가서 나는 음. : l.

5 성모(聲母)의 개별발음

- **쌍순음(雙脣音)**

    b : 아래 입술을 다물었다가 떼면서 우리말의 "ㅂ" 음에 해당되지만 "ㅃ" 음을 낸다. 읽을 때 운모는 "o"를 붙여서 "뽀"라고 발음한다.

    p : "ㅍ" 발음과 같지만 입김을 더 강하게 내보낸다. 읽을 때 운모는 "o"를 붙여서 "포"라고 발음한다.

    m : "ㅁ" 발음과 같다. 읽을 때 운모는 "o"를 붙여서 "모"라고 발음한다.

- **순치음(脣齒音)**

    f : 윗입술을 아랫입술에 가볍게 대고 영어의 "f" 발음과 같이 발음한다. 읽을 때 운모는 "o"를 붙여서 "포"라고 발음한다.

- **설첨음(舌尖音)**

    d : 우리말의 "ㄷ"과 비슷한 발음이지만, 읽을 때는 된소리인 "ㄸ"으로 읽을 때도 있다. 읽을 때 운모는 "e"를 붙여서 "떠"라고 발음한다.

    t : 우리말의 "ㅌ" 발음과 같다. 읽을 때 운모는 "e"를 붙여서 "터"라고 발음한다.

    n : 우리말의 "ㄴ" 발음과 같다. 혀끝을 윗잇몸에 대었다가 떼면서 발음한다. 읽을 때 운모는 "e"를 붙여 "너"라고 발음한다. 비음이므로 콧소리를 많이 섞어서 발음한다.

    l : "ㄹ"과 유사한 발음이고 영어의 "l"과 같다. 운모는 "e"를 붙여서 "러"라고 발음한다.

- **설근음(舌根音)**

    g : "ㄱ"과 비슷한 음이지만 된소리 "ㄲ"에 가깝다. 운모는 "e"를 붙여서 "꺼"라고 발음한다.

    k : "ㅋ"와 같다. 운모는 "e"를 붙여서 "커"라고 발음한다.

    h : "ㅎ"과 같다. 운모는 "e"를 붙여서 "허"라고 발음한다.

- **설면음(舌面音)**

    j : 혀를 입천장에 붙였다가 떼면서 우리말의 "지"라고 발음한다. 운모는 "i"를 붙여서 발음하는데 "즈"가 아니라 "지"라고 발음한다.

준비마당

　　q : 위의 발음과 같은 요령으로 "치" 라고 발음한다. 운모는 "i"를 붙여서 발음하는데 "츠"가 아니라 "치"라고 발음한다.

　　x : 위의 발음과 같은 요령으로 "씨" 라고 발음한다. 운모는 "i"를 붙여서 발음하는데 "쓰"가 아니라 "씨"라고 발음한다.

- **설치음(舌齒音)**

　　z : 혀끝과 윗잇몸이 작용하여 나는 발음으로 운모는 "i"를 붙여서 발음하는데 "쯔" 라고 발음한다.

　　c : 위의 발음과 같은 요령으로 운모는 "i"를 붙여서 발음하는데 "츠" 라고 발음한다.

　　s : 위의 발음과 같은 요령으로 운모는 "i"를 붙여서 발음하는데 "쓰" 라고 발음한다.

- **권설음(卷舌音)**

　　zh : 혀의 양쪽 가장자리와 혀끝을 치켜 올려 입천장에 가볍게 닿게 하고, 혀끝을 뒤로 향하게 하는 것을 말한다. 우리나라에 없는 발음 중에 가장 발음하기 어렵다. 운모는 "i"를 붙이고 "쯔" 라고 발음한다.

　　ch : 위의 발음과 같은 요령으로 운모는 "i"를 붙이고 "츠" 라고 발음한다.

　　sh : 같은 요령으로 운모는 "i"를 붙이고 "쓰" 라고 발음한다.

　　r : 위의 발음과 같은 요령으로 운모는 "i"를 붙이고 "르" 라고 발음한다.

이 중 zh ch sh r z c s f 는 한국어에 없는 소리이므로 특히 주의해야 한다.
zh : 知 zhī　　　ch : 吃 chī　　　sh : 师 shī　　　r : 日 rì
z : 字 zì　　　c : 词 cí　　　f : 佛 fó

1. 다음 발음을 듣고 자음을 넣으시오.

   1) (　)o   2) (　)o   3) (　)o   4) (　)o
   5) (　)e   6) (　)e   7) (　)e
   8) (　)e   9) (　)e   10) (　)e   11) (　)e
   12) (　)i   13) (　)i   14) (　)i
   15) (　)i   16) (　)i   17) (　)i
   18) (　)i   19) (　)i   20) (　)i   21) (　)i

2. 녹음을 듣고 알맞은 자음을 골라서 ○표 하시오.

   1) (b　p)o   (n　l)e   (j　q)i   (m　f)o
   2) (x　s)i   (g　k)e   (l　r)e   (j　z)i
   3) (c　k)e   (zh　z)i   (sh　s)i   (p　f)o
   4) (k　h)e   (ch　c)i   (j　s)i   (d　t)e

3. 녹음에 맞는 자음을 순서대로 고르시오.

   1) (b, p, n, l)o   (b, f, n, r)e   (p, f, n, l)o   (b, p, n, r)e
   2) (j, q, x, s)i   (q, j, s, x)i   (j, q, s, sh)i   (q, j, sh, s)i
   3) (g, k, r, l)e   (g, c, l, r)e   (k, g, r, l)e   (g, c, l, r)e
   4) (z, c, ch, zh)i (zh, z, c, ch)i (z, ch, c, zh)i (zh, c, sh, s)i

2 모음

모음은 운모(韻母)라고도 하며 모두 38개이다. 모음은 그 구조에 따라 다음 4가지로 분류할 수 있다.

단운모(單韻母) : 모음이 하나로 되어있는 것.
복운모(復韻母) : 모음이 두 개나 두 개 이상으로 되어있는 것.
비운모(鼻韻母) : 모음이 -n、-ng 등 비음을 포함하는 것.
영성모(零聲母) : 자음이 없는 모음만으로 구성되어있는 것.

단모음	a	o	e	i	-i(zi)	-i(zhi)	u	ü	er
복모음	ai	ei	ao	ou	an	en	ang	eng	ong
복모음	ia	ie	iao	iou(iu)	ian	in	iang	ing	iong
복모음	uo	ua	uai	uei(ui)	uan	uen(un)	uang	ueng	
복모음	üe	üan	ün						

모음에서는 'e'의 발음에 주의해야 하는데, 'ge', 'me' 처럼 단모음일 때는 '어'라고 발음해야하며, 'ei', 'ie', 'ue'처럼 'i'나 'ü'와 함께 올 때는 '에'로 발음한다.
예) he- 허, gei-게이, jie-지에. xue-쉬에

모음표기규칙

한어병음에서는 'i'나 'u'가 단독으로 올 경우에는 앞에 'y', 'w'를 더해서 다음과 같이 표기한다.

① i

'i'가 단독으로 하나의 음절을 이루었으면 앞에 'y'를 붙여주고 'i' 로 시작하는 복모음일 경우에는 'i' 를 'y'로 바꾸어서 표기한다.

| i | ie | iao | iou | ian | in | iang | ing | iong |
| yi | ye | yao | you | yan | yin | yang | ying | yong |

단 in, ing는 i를 y로 바꾸는게 아니라, in, ing 앞에 y를 붙여준다.

2 u

'u'가 단독으로 하나의 음절을 이루었으면 앞에 'w'를 붙여주고, 'u' 로 시작하는 복모음일 경우에는 'u'를 'w'로 바꾸어서 표기한다.

u	uo	ua	uai	uei	uan	uen	uang	ueng
wu	wo	wa	wai	wei	wan	wen	wang	weng

3 ü

ü가 단독으로 하나의 음절을 이루었거나 혹은 'ü' 로 시작하는 복모음일 경우에는 'ü'앞에 'y'를 붙여주고 'ü' 위의 두 점은 생략한다. 발음은 두 점이 있는 것과 같이 한다.

예 yu、yue、yuan、yun

ü	üe	üan	ün
yu	yue	yuan	yun

4 j q x + ü

설면음인 'j, q, x' 가 'ü'로 시작하는 모음과 결합할 때 'ü' 위의 두 점은 생략한다. 발음은 위의 두 점이 있는 것과 같이 발음한다.

예 ju, qu, xu, jue, que, xue, juan, quan, xuan

	ü	üe	üan	ün
j	ju	jue	juan	jun
q	qu	que	quan	qun
x	xu	xue	xuan	xun

하지만 'ü, üe, üan, ün'발음이 설면음을 제외한 다른 발음과 결합되면, 위의 두 점을 생략하지 않고 그대로 사용한다.

예 n, l과 ü, üe가 결합하면 nü, nüe, lü, lüe가 된다.

준비마당

5 **iou, uei, uen**

'iou'와 'uei'가 성모와 결합할 경우 중간의 모음 'o'와 'i'는 생략해서 'iu, ui'로 쓰고, 비운모인 'uen'은 e를 생략하고 'un'으로 표시한다.

예) l+iou=liu   g+uei=gui   k+uen=kun

1. 다음 내용을 듣고 알맞은 모음을 쓰시오

   1) b ( )   p ( )   m ( )   f ( )
   2) d ( )   t ( )   n ( )   l ( )
   3) g ( )   k ( )   h ( )
   4) j ( )   q ( )   x ( )
   5) z ( )   c ( )   s ( )
   6) zh ( )   ch ( )   sh ( )   r ( )

2. 다음 내용을 듣고 알맞은 모음을 쓰시오.

   1) b ( )   f ( )   g ( )   h ( )
   2) k ( )   b ( )   d ( )   l ( )
   3) q ( )   c ( )   ch ( )   z ( )
   4) x ( )   s ( )   sh ( )   j ( )
   5) x ( )   s ( )   q ( )   c ( )

3. 녹음을 듣고 다음 단어의 모음과 다른 발음을 고르시오.

   1) ne
      (1) ke   (2) geng   (3) de   (4) hei
   2) ku
      (1) guan (2) tu   (3) jun   (4) dun
   3) qu
      (1) zuan (2) qun   (3) jun   (4) xuan
   4) zun
      (1) zuan (2) jue   (3) cuan (4) sun

4. 다음 모음을 듣고 알맞은 발음을 고르시오.

   1) p
      (1) an, ang, en, in   (2) ang, an, en, ing
      (3) ang, an, eng, in   (4) an, ang, eng, in
   2) j
      (1) u, un, ue, uan   (2) u, ün, ue, üan
      (3) u, un, üe, uan   (4) u, ün, ue, uan
   3) l
      (1) e, an, en, ang   (2) e, en, an, eng
      (3) e, eng, an, ang   (4) e, en, an, eng
   4) g
      (1) ai, en, ei, an   (2) ei, en, ai, an
      (3) ai, ei, an, en   (4) ai, ei, en, an

5. 발음을 듣고 다음의 영성모를 써보시오.

   Tip: 영성모(零聲母)란? 성모는 없고 운모만 있는 음절

   1) ing (   )   ueng (   )   ün (   )
   2) uo (   )   ua (   )   in (   )
   3) iou (   )   üan (   )   iang (   )
   4) üe (   )   ian (   )   uai (   )

준비마당

3 성조

중국어 표준어의 성조는 1, 2, 3, 4성의 네 가지가 있으며, 가볍고 짧게 발음하는 경성까지 합하면 다섯 가지이다. 중국어는 성조가 다르면 뜻도 달라지므로 주의해서 발음해야 한다. 다음은 모두 ma 라는 동일한 음절이지만, 성조에 따라 뜻이 달라지는 예이다.

예) 妈(mā) 엄마, 麻(má) 마, 马(mǎ) 말, 骂(mà) 욕하다

1 4성

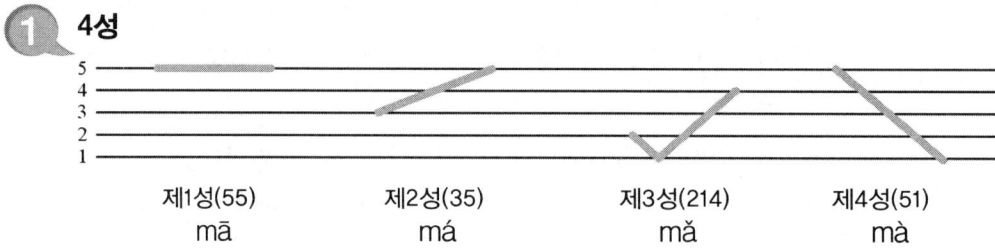

1성은 5-5 : 표시는 " ˉ " 1성은 높고 고르게 끝까지 늘인다.
2성은 3-5 : 표시는 " ´ " 2성은 음을 끌어올린다.
3성은 2-1-4 : 표시는 " ˇ " 3성은 음을 낮은 음으로 떨어뜨렸다가 끌어올린다.
4성은 5-1 : 표시는 " ` " 4성은 가장 높은 음에서 낮은 음까지 재빨리 내려찍는 기분으로 음을 떨어뜨린다.

2 경성

가볍고 짧게 발음하는 경성은 앞에 오는 성조에 따라 소리가 나는 위치가 달라진다.

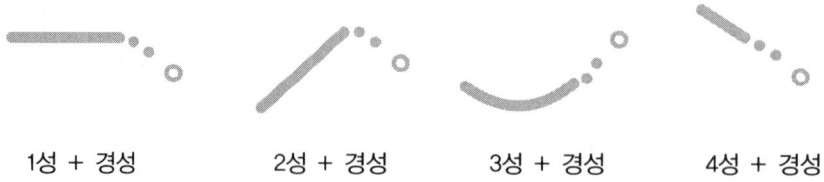

1성+경성 : 妈妈 mā ma　　玻璃 bō li　　消息 xiāo xi
2성+경성 : 朋友 péng you　　葡萄 pú tao　　馒头 mán tou
3성+경성 : 我们 wǒ men　　早上 zǎo shang　　椅子 yǐ zi
4성+경성 : 弟弟 dì di　　爸爸 bà ba　　谢谢 xiè xie

3 성조표기법

(1) 성조는 반드시 모음 위에 표시한다.

　　예 bǎ   pǒ

(2) 단모음일 경우에는 모음이 하나이므로 쉽게 표시할 수 있는데, 모음이 여러 개인 복모음일 경우에는 주요 모음에 표시한다. 주요모음이란 소리가 가장 크게 나는 모음을 말하는데, 혀가 밑으로 내려갈수록 입이 크게 벌어질수록 소리가 크다. 다음 모음 사각도에 의해 모음을 발음할 때 혀의 위치를 알 수 있다.

모음 사각도

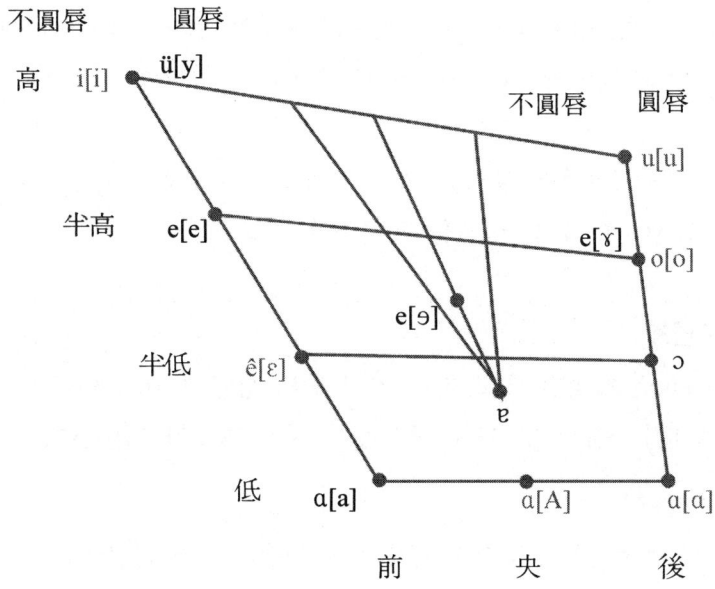

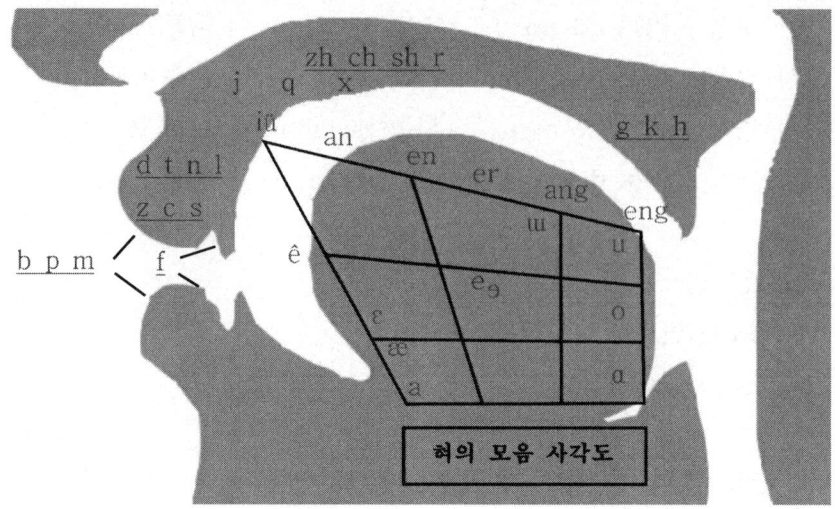

혀의 모음 사각도

모음 사각도에 의해 주요모음을 설정하여 성조를 표시하게 되는데, 주요모음이란 입 모양이 크게 벌어지는 순서대로 본다. 순서는 a>o=e>i=u>ü 이므로, 앞에 있는 것이 주요모음이 된다. 예를 들어, 'iao'에서 주요모음은 'a'이므로 'iǎo'이고, 'guo'는 주요모음이 o이므로 'guó'위에, 'dou'는 'dóu' 위에 성조를 표시한다. 단, 'i'와 'u'가 같이 있는 경우에는 뒤에 오는 모음에 성조를 표시한다. 즉 'dui'와 'jiu'는 'duì' 와 'jiǔ'로 표시해야 한다.

(3) 모음 'i'위에다 성조를 표시할 경우에는 'i'위의 점을 떼어내고 표시한다.
yī, yí, yǐ, yì 로 성조를 표시한다.

4 성조변조

성조가 원래 정한 대로 하지 않고 뒤의 상황에 따라 변하는 것을 성조 '변조'라고 한다. 다음의 몇 가지 상황에서 성조 변조가 일어난다.

(1) 3성+3성

중국어에서 3성과 3성이 오면 앞에 나온 3성을 2성으로 읽는다. 하지만 표기는 그대로 3성으로 한다.

예 法语 : fǎ yǔ   老虎 : lǎo hǔ   美好 : měi hǎo   水果 : shuǐ guǒ

(2) 반3성

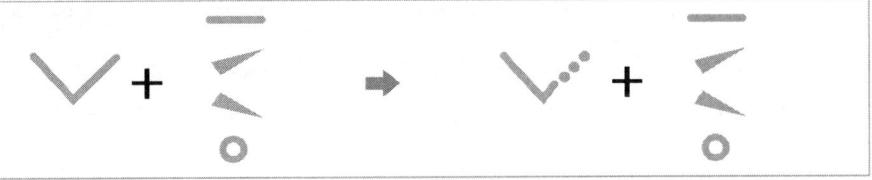

중국어 성조에서 3성 뒤에 1성, 2성, 4성이 오면 앞의 3성은 내려가는 부분의 반만 발음되는데, 모두 발음하지 않고 반만 발음하므로 반3성이라고 한다.

예 3성+1성   老师 : lǎo shī   好吃 : hǎo chī   北京 : běi jīng
    3성+2성   很忙 : hěn máng   你來 : nǐ lái   好人 : hǎo rén
    3성+4성   请问 : qǐng wèn   感谢 : gǎn xiè   炒饭 : chǎo fàn

(3) '不'의 변조

'不'는 원래 4성이지만 뒤에 4성이 오면 2성으로 변한다. 즉 不 뒤에 1성, 2성, 3성이 오면 원래 성조인 4성으로 읽는다.

예 不听 : bù tīng   不学 : bù xué   不管 : bù guǎn

그러나 不 뒤에 4성이 오면 不는 2성으로 바뀐다.

예 不看 : bú kàn   不是 : bú shì   不辣 : bú là   不利 : bú lì

(4) '一'의 성조

一은 원래 1성이다. 단독으로 오면 1성이다. 그러나 뒤에 1,2,3성이 오면 4성으로 변한다.

예 yī+1성, 2성, 3성 = yì+1성, 2성, 3성
    一聲 : yì shēng   一直 : yì zhí   一起 : yì qǐ

뒤에 4성이나 경성이 오면 2성으로 변한다.

예 一个 : yí ge   一心一意 : yì xīn yí yì   一大一小 : yí dà yì xiǎo

(5) 격음부호

'a, o, e'로 시작되는 음절의 앞에 다른 음절이 있을 때 음절과 음절간의 경계를 확실히 구분하기 위해서 격음부호를 사용한다.

예 Tiān'ān mén(天安门) nǚ'ér(女儿)

(6) 얼화음

운모 'er'이 다른 운모와 결합해서 'er'화 운모가 된다. 표기할 때는 운모 끝에 'r'을 붙이고, 쓰는 방법은 원래 한자 뒤에 '儿'을 붙인다.

 玩儿 : wánr   花儿 : huār

1. 다음 한어병음의 성조를 발음해보시오.

1) bā　bá　bǎ　bà　　2) dōu　dóu　dǒu　dòu
3) jiā　jiá　jiǎ　jià　　4) luō　luó　luǒ　luò
5) rēn　rén　rěn　rèn　6) gēi　géi　gěi　gèi
7) gāo　gáo　gǎo　gào　8) kāi　kái　kǎi　kài

2. 다음 녹음을 듣고 성조를 표시하시오.

1) ba　　po　　fou　　di
2) tao　　luo　　gai　　rou
3) lai　　deng　　ne　　hou
4) de　　san　　zuo　　chi

3. 다음 녹음을 듣고 성조를 표시하시오.

1) bang　de　ying　wen　tuo　dong
2) fen　pan　duo　lao　neng　nin
3) dang　bi　tou　ma　fo　nu

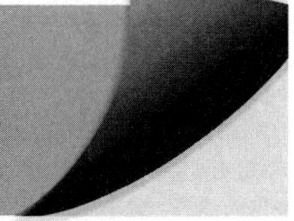

제3장
실전! 발음겨루기

1 겨루기 첫째 마당

성모 : b, p, m, f, d, t, n, l, g, k, h.
운모 : a, o, e, i, u, ü.

	a	o	e	i	u	ü
b	ba	bo		bi	bu	
p	pa	po		pi	pu	
m	ma	mo	me	mi	mu	
f	fa	fo			fu	
d	da		de	di	du	
t	ta		te	ti	tu	
n	na		ne	ni	nu	nü
l	la		le	li	lu	lü
g	ga		ge		gu	
k	ka		ke		ku	
h	ha		he		hu	
	a	o	e	yi	wu	yu

준비마당

실전연습

1. 다음 녹음을 듣고 알맞은 성모에 O표하시오.

1) (b, p)a 2) (p, f)u 3) (d, t)e 4) (n, l)i
5) (m, f)o 6) (n, l)e 7) (k, h)u 8) (m, f)u
9) (n, l)u 10) (g, k)e 11) (d, t)u 12) (g, h)u

2. 다음 녹음을 듣고 알맞은 운모에 O표하시오.

1) b(a, o) 2) m(e, o) 3) p(i, u) 4) f(o, u)
5) g(a, e) 6) t(a, u) 7) n(i, ü) 8) k(a, u)
9) t(e, i) 10) f(a, u) 11) l(i, ü) 12) d(i, u)

3. 다음 녹음을 듣고 성조표시를 하시오.

1) ba ba   2) gu gu   3) de de   4) mo mo
5) ti ti   6) ta ta   7) nü nü   8) ka ka
9) lu lu   10) pa pa 11) fu fu 12) nu nu

4. 다음 녹음을 듣고 빈칸을 채우시오.

1) __á   2) __ǔ   3) __a   4) __e
5) __ú   6) __à   7) __ú   8) __ă
9) __í __ò   10) __ú __ì 11) __à __ì 12) __ù __ǐ
13) __è __ì 14) __ù __ú 15) __ă __ǐ 16) __è __ǔ
17) l__   18) k__   19) d__   20) n__
21) f__   22) m__   23) y__   24) p__
25) l__ l__ 26) g__ b__ 27) p__ f__ 28) g__ l__
29) f__ y__ 30) d__ d__ 31) d__ g__ 32) b__ l__

26 중국어 첫걸음

중국어 첫걸음

2 겨루기 둘째 마당

성모 : b, p, m, f, d, t, n, l, g, k, h.
운모 : ai, ei, ao, ou, an, en, ang, eng, ong.

	ai	ei	ao	ou	an	en	ang	eng	ong
b	bai	bei	bao		ban	ben	bang	beng	
p	pai	pei	pao	pou	pan	pen	pang	peng	
m	mai	mei	mao	mou	man	men	mang	meng	
f		fei		fou	fan	fen	fang	feng	
d	dai	dei	dao	dou	dan	den	dang	deng	dong
t	tai		tao	tou	tan		tang	teng	tong
n	nai	nei	nao	nou	nan	nen	nang	neng	nong
l	lai	lei	lao	lou	lan		lang	leng	long
g	gai	gei	gao	gou	gan	gen	gang	geng	gong
k	kai	kei	kao	kou	kan	ken	kang	keng	kong
h	hai	hei	hao	hou	han	hen	hang	heng	hong

실전연습

1. 다음 녹음을 듣고 알맞은 성모에 O표 하시오.

1) (b, p)ai   2) (f, p)an   3) (n, l)eng   4) (k, h)en
5) (h, g)ou   6) (n, l)ai   7) (d, t)ong   8) (d, t)ao
9) (g, k)ei   10) (b, p)en   11) (n, l)ou   12) (k, h)ao

준비마당

2. 다음 녹음을 듣고 알맞은 운모에 O표 하시오.

   1) d(an, ang)   2) f(an, en)   3) p(an, ang)   4) n(eng, ong)
   5) n(ai, ei)   6) g(ao, ou)   7) k(en, eng)   8) m(ai, ei)
   9) n(an, en)   10) t(ang, eng) 11) l(ai, ei)   12) h(ang, ong)

3. 다음 녹음을 듣고 알맞은 성조를 표시하시오.

   1) lei lei   2) fan fan   3) dai dai   4) dang dang
   5) ben ben   6) mai mai   7) tou tou   8) nong nong
   9) geng geng   10) kao kao   11) nan nan   12) pei pei

4. 다음 녹음을 듣고 빈칸을 채우시오.

   1) __ǎi   2) __ǎo   3) __ōu   4) __ōu
   5) __àn   6) __áng   7) __óng   8) __ěng
   9) __ǎo __ù   10) __āi __ào 11) __án __án 12) __é __ōng
   13) __āng __ù 14) __ào __ù   15) __ǎo __àng 16) __è __óu
   17) g____   18) t____   19) h____   20) k____
   21) n____   22) g____   23) h____   24) m____
   25) g__ d__   26) l__ d__   27) k__ l__   28) k__ l__
   29) b__ b__   30) g__ g__   31) t__ t__   32) l__ d__

3 겨루기 셋째 마당

성모 : b, p, m, f, d, t, n, l, g, k, h.
운모 : i, ie, ia, iao, iou, ian, in, iang, ing, iong.

	i	ie	ia	iao	iou	ian	in	iang	ing	iong
b	bi	bie		biao		bian	bin		bing	
p	pi	pie		piao		pian	pin		ping	
m	mi	mie		miao	miu	mian			ming	
f										
d	di	die		diao	diu	dian			ding	
t	ti	tie		tiao		tian			ting	
n	ni	nie		niao	niu	nian	nin	niang	ning	
l	li	lie	lia	liao	liu	lian	lin	liang	ling	
g										
k										
h										
	yi	ye	ya	yao	you	yan	yin	yang	ying	yong

실전연습

1. 다음 발음을 듣고 알맞은 성모에 O표 하시오.

   1) (b, p)iao   2) (t, d)ing   3) (n, l)ie   4) (l, n)iang
   5) (t, d)ian   6) (y, m)ing   7) (d, m)iu   8) (t, d)iu
   9) (m, l)ie   10) (n. l)iu   11) (d, t)iao   12) (y, b)ing

준비마당

2. 다음 발음을 듣고 알맞은 운모에 O표하시오.

1) n(ie, iu)   2) l(iao, ian)   3) t(ing, ie)   4) n(iang, ia)
5) m(ian, in)   6) d(iu, ie)   7) p(in, ing)   8) b(ing, ie)
9) l(iang, ing)   10) t(iao, ing)   11) d(i, ian)   12) m(iu, iao)

3. 다음 발음을 듣고 알맞은 성조를 표시하시오.

1) bing   bing   2) miao   miao   3) pin   pin   4) mian   mian
5) die   die   6) niu   niu   7) dian   dian   8) ti   ti
9) diao   diao   10) liang   liang   11) liu   liu   12) nie   nie

4. 다음발음을 듣고 빈칸에 알맞은 발음을 쓰시오.

1) ___iū   2) ___ǐ   3) ___ié   4) ___iù
5) ___ōng   6) ___īn   7) ___iàn   8) ___iē
9) ___iáo ___ī   10) ___iè ___iǎo   11) ___iān ___ì   12) ___iàn ___ī
13) ___ián ___ián   14) ___īn ___ing   15) ___ing ___íng   16) ___iǎo ___iǎo
17) t____   18) p____   19) l____   20) n___
21) d____   22) l____   23) m____   24) l____
25) t__ t__   26) y__ y__   27) t__ t__   28) b__ l__
29) b__ m__   30) b__ p__   31) m__ l__   32) m__ l__

4 겨루기 넷째 마당

자음 : b, p, m, f, d, t, n, l, g, k, h.
모음 : u, ua, uo, uai, uei, uan, uen, uang, ueng, ü, üe, üan, ün.

	u	ua	uo	uai	uei	uan	uen	uang	ueng	ü	üe	üan	ün
b	bu												
p	pu												
m	mu												
f	fu												
d	du		duo		dui	duan	dun						
t	tu		tuo		tui	tuan	tun						
n	nu		nuo			nuan				nü	nüe		
l	lu		luo			luan	lun			lü	lüe		
g	gu	gua	guo	guai	gui	guan	gun	guang					
k	ku	kua	kuo	kuai	kui	kuan	kun	kuang					
h	hu	hua	huo	huai	hui	huan	hun	huang					
	wu	wa	wo	wai	wei	wan	wen	wang	weng	yu	yue	yuan	yun

|실|전|연|습|

1. 다음 녹음을 듣고 알맞은 성모에 ○ 표 하시오.

    1) (b, p)u   2) (k, h)ua   3) (n, l)ü   4) (m, p)u
    5) (g, k)ui   6) (g, h)uan   7) (p, f)o   8) (d, t)ui
    9) (n, t)uan   10) (h, k)uai   11) (d, k)un   12) (n, l)üe

준비마당

2. 다음 녹음을 듣고 알맞은 운모에 ○표 하시오.

   1) k(ui, uai)   2) w(u, a)   3) y(u, ue)   4) h(un, uan)
   5) k(ua, ui)   6) d(ui, un)   7) g(ua, uan)   8) n(ü, üe)
   9) w(ang, eng) 10) w(ai, ei)   11) h(ui, ua)   12) n(u, uan)

3. 다음 녹음을 듣고 알맞은 성조를 표시하시오.

   1) guan guan   2) hua hua   3) nu nu   4) tui tui
   5) tu   tu   6) gui gui   7) wei wei   8) luan luan
   9) kua   kua   10) lüe lüe   11) huang huang 12) yu yu

4. 다음 발음을 듣고 빈칸에 알맞은 발음을 써넣으시오.

   1) ___uǎn   2) ___uà   3) ___ǔ   4) ___uáng
   5) __ēi   6) ___üè   7) ___uā   8) ___uǎn
   9) __uán __ǐ   10) __uī __uàn 11) __ǔn ___āi 12) __uō __uī
   13) __uó __ǔ   14) __uái __ùn 15) __uàng __uò 16) __ùn __ùn
   17) t_____   18) y_____   19) y_____   20) y_____
   21) k_____   22) g_____   23) g_____   24) t_____
   25) k__ l__   26) k__ g__   27) l__ h__   28) k__ d__
   29) g__ h__   30) y__ y__   31) t__ y__   32) l__ h__

5 겨루기 다섯째마당

성모 : j, q, x, z, c, s, zh, ch, sh, r.
운모 : i, ia, iao, ie, iou, in, iang, ing, iong, ü, üe, üan, ün.

	i	ia	iao	ie	iou	in	iang	ing	iong	ü	üe	üan	ün
j	ji	jia	jiao	jie	jiu	jin	jiang	jing	jiong	ju	jue	juan	jun
q	qi	qia	qiao	qie	qiu	qin	qiang	qing	qiong	qu	que	quan	qun
x	xi	xia	xiao	xie	xiu	xin	xiang	xing	xiong	xu	xue	xuan	xun

	u	ua	uo	uai	uei	uan	uen	uang	ueng
z	zu		zuo		zui	zuan	zun		
c	cu		cuo		cui	cuan	cun		
s	su		suo		sui	suan	sun		
zh	zhu	zhua	zhuo		zhui	zhuan	zhun	zhuang	
ch	chu	chua	chuo		chui	chuan	chun	chuang	
sh	shu	shua	shuo		shui	shuan	shun	shuang	
r	ru	rua	ruo		rui	ruan	run		

실전연습

1. 다음 녹음을 듣고 알맞은 성모에 O표 하시오.

1) (x, s)in   2) (j, q)uan   3) (q, x)u   4) (zh, z)un
5) (j, x)iong   6) (z, c)uo   7) (j, q)ue   8) (c, ch)un
9) (z, j)u   10) (x, s)u   11) (zh, j)uan 12) (j, q)ue

준비마당

2. 다음 녹음을 듣고 알맞은 운모에 O표 하시오.

1) j(ue, uan)   2) q(u, ue)   3) x(u, un)   4) zh(ua, uan)
5) ch(uo, ua)   6) sh(uo, un)   7) q(in, iu)   8) j(i, ia)
9) x(ia, iao)   10) j(uan, un)   11) x(in, iu)   12) z(ui, uan)

3. 다음 녹음을 듣고 성조표시를 하시오.

1) zou   zou   2) zhi   zhi   3) re   re   4) chuang   chuang
5) shuan   shuan   6) suo   suo   7) zuo   zuo   8) zai   zai
9) chai   chai   10) chun   chun   11) can   can   12) cong   cong

4. 다음 발음을 듣고 빈칸에 알맞은 발음을 써넣으시오.

1) ___ū   2) ___uān   3) ___uǎ   4) ___éng
5) ___ǐ   6) ___è   7) ___āo   8) ___uǐ
9) ___uā ___ù   10) ___ù ___uò   11) ___uǎn ___uō   12) ___uàng ___uò
13) ___āo ___ī   14) ___ióng ___ùn   15) ___ū ___ū   16) ___àn ___íng
17) zh___   18) z___   19) c___   20) zh___
21) ch___   22) ch___   23) z___   24) c___
25) z___ sh___   26) sh___ sh___   27) ch___ j___   28) zh___ x___
29) zh___ zh___   30) zh___ j___   31) j___ y___   32) q___ z___

6 겨루기 여섯째 마당

자음 : z, c, s, zh, ch, sh, r.
모음 : a, o, e, i, er, ai, ei, ao, ou, an, en, ang, eng, ong.

	a	o	e	i	er	ai	ei	ao	ou	an	en	ang	eng	ong
z	za		ze	zi		zai	zei	zao	zou	zan	zen	zang	zeng	zong
c	ca		ce	ci		cai		cao	cou	can	cen	cang	ceng	cong
s	sa		se	si		sai		sao	sou	san	sen	sang	seng	song
zh			zhe	zhi		zhai	zhei	zhao	zhou	zhan	zhen	zhang	zheng	zhong
ch			che	chi		chai		chao	chou	chan	chen	chang	cheng	chong
sh			she	shi		shai	shei	shao	shou	shan	shen	shang	sheng	
r			re	ri				rao	rou	ran	ren	rang	reng	rong

실전연습

1. 다음 녹음을 듣고 알맞은 성모에 O표 하시오.

   1) (c, z)a   2) (z, zh)ao   3) (ch, sh)i   4) (z, zh)ei
   5) (c, s)ou   6) (zh, ch)an   7) (s, c)eng   8) (c, ch)ou
   9) (z, s)eng   10) (s, sh)e   11) (z, zh)ai   12) (sh, zh)en

2. 다음 녹음을 듣고 알맞은 운모에 O표 하시오.

   1) z(e, ai)   2) sh(ei, ai)   3) ch(u, ou)   4) sh(en, eng)
   5) c(ong, ang)   6) z(i, ei)   7) r(en, an)   8) c(en, eng)
   9) r(ao, ou)   10) s(en, an)   11) z(ou, ao)   12) ch(an, ang)

준비마당

중국어 첫걸음

3. 다음 녹음을 듣고 알맞은 성조표시를 하시오.

1) chi   chi   2) zhai   zhai   3) shan   shan   4) sa   sa
5) sheng sheng   6) ren   ren   7) ze   ze   8) zang zang
9) zhao   zhao   10) zhen   zhen   11) song   song   12) shao shao

4. 다음 발음을 듣고 빈칸에 알맞은 발음을 써넣으시오.

1) ___ǎi   2) ___òu   3) ___óng   4) ___ǒu
5) ___ān   6) ___áng   7) ___éi   8) ___èng
9) __ǎi __iàng   10) __án __ào   11) __ǎng __ēng 12) __ē __àn
13) __ēn __è   14) __ēng __ǎng 15) __àng __ōu   16) __ēng __àn
17) z_____   18) r_____   19) s_____   20) zh_____
21) ch_____   22) sh_____   23) s_____   24) ch_____
25) z__ s__   26) c__ r__   27) ch__ sh__   28) sh__ ch__
29) r__ r__   30) ch__ z__   31) ch__ sh__   32) ch__ sh__

한어병음 음절표

운모\성모	a	o	e	i	er	ai	ei	ao	ou	an	en	ang	eng	-ong	-i	-ia	-iao	-ie	-iu	-ian	-in	-iang	-ing	-iong	-u	-ua	-uo	-uai	-ui	-uan	-un	-uang	-ü	-üe	-üan	-ün
	a	o	e		er	ai	ei	ao	ou	an	en	ang	eng																							
b	ba	bo				bai	bei	bao		ban	ben	bang	beng		bi		biao	bie		bian	bin		bing		bu											
p	pa	po				pai	pei	pao	pou	pan	pen	pang	peng		pi		piao	pie		pian	pin		ping		pu											
m	ma	mo	me			mai	mei	mao	mou	man	men	mang	meng		mi		miao	mie	miu	mian	min		ming		mu											
f		fo					fei		fou	fan	fen	fang	feng												fu											
d	da		de			dai	dei	dao	dou	dan	den	dang	deng	dong	di		diao	die	diu	dian			ding		du		duo		dui	duan	dun					
t	ta		te			tai		tao	tou	tan		tang	teng	tong	ti		tiao	tie		tian			ting		tu		tuo		tui	tuan	tun					
n	na		ne			nai	nei	nao	nou	nan	nen	nang	neng	nong	ni		niao	nie	niu	nian	nin	niang	ning		nu		nuo			nuan			nü	nüe		
l	la		le			lai	lei	lao	lou	lan		lang	leng	long	li	lia	liao	lie	liu	lian	lin	liang	ling		lu		luo			luan	lun		lü	lüe		
z	za		ze	zi		zai	zei	zao	zou	zan	zen	zang	zeng	zong											zu		zuo		zui	zuan	zun					
c	ca		ce	ci		cai		cao	cou	can	cen	cang	ceng	cong											cu		cuo		cui	cuan	cun					
s	sa		se	si		sai		sao	sou	san	sen	sang	seng	song											su		suo		sui	suan	sun					
zh	zha		zhe	zhi		zhai	zhei	zhao	zhou	zhan	zhen	zhang	zheng	zhong											zhu	zhua	zhuo	zhuai	zhui	zhuan	zhun	zhuang				
ch	cha		che	chi		chai		chao	chou	chan	chen	chang	cheng	chong											chu	chua	chuo	chuai	chui	chuan	chun	chuang				
sh	sha		she	shi		shai	shei	shao	shou	shan	shen	shang	sheng												shu	shua	shuo	shuai	shui	shuan	shun	shuang				
r			re	ri				rao	rou	ran	ren	rang	reng	rong											ru	rua	ruo		rui	ruan	run					
j															ji	jia	jiao	jie	jiu	jian	jin	jiang	jing	jiong									ju	jue	juan	jun
q															qi	qia	qiao	qie	qiu	qian	qin	qiang	qing	qiong									qu	que	quan	qun
x															xi	xia	xiao	xie	xiu	xian	xin	xiang	xing	xiong									xu	xue	xuan	xun
g	ga		ge			gai	gei	gao	gou	gan	gen	gang	geng	gong											gu	gua	guo	guai	gui	guan	gun	guang				
k	ka		ke			kai	kei	kao	kou	kan	ken	kang	keng	kong											ku	kua	kuo	kuai	kui	kuan	kun	kuang				
h	ha		he			hai	hei	hao	hou	han	hen	hang	heng	hong											hu	hua	huo	huai	hui	huan	hun	huang				
y	ya							yao	you	yan	yen	yang	yang		yong	yi						yin		ying										yu	yue	yuan	yun
w	wa	wo				wai	wei			wan	wen	wang	weng												wu											

중국어 실전

제 **2** 부

제 1과　你好！(안녕하세요!)

제 2과　你忙吗？(바쁘세요?)

제 3과　我是学生。(저는 학생입니다)

제 4과　你学习什么？(당신은 무엇을 배우십니까?)

제 5과　一斤苹果多少钱？(사과 한 근에 얼마입니까?)

제 6과　你在哪儿工作？(당신은 어디에서 일을 하십니까?)

제 7과　你家有几口人？(당신의 식구는 몇 명입니까?)

제 8과　今天几月几号？(오늘은 몇 월 몇 일입니까?)

제 9과　现在几点？(지금 몇 시입니까?)

제10과　北京站怎么走？(북경역은 어떻게 갑니까?)

제11과　你要点什么菜？(당신은 어떤 음식을 시키시려구요?)

제12과　你会说汉语吗？(당신은 중국어를 할 수 있습니까?)

제13과　自我介绍。(자기소개)

你 好！(안녕하세요!)
nǐ hǎo

인사하기 / 동사술어문 / 你와 您 / 성조변조

제 **1** 과

Dialogue

1 ▶ 만났을 때의 인사(1)

你好! - 你好!
nǐ hǎo   nǐ hǎo

[교체연습]

您, 老师。
nín   lǎo shī

2 ▶ 만났을 때의 인사(2)

早上好!
zǎo shang hǎo

[교체연습]

晚上。
wǎn shang

3 ▶ 헤어질 때의 인사

再见。
zài jiàn

4 ▶ 동사술어문의 긍정형 : 주어 + 동사서술어

你来。
nǐ lái

[교체연습]

我, 他, 她。
wǒ tā tā

去, 听, 说, 写, 看。
qù tīng shuō xiě kàn

5 ➡ 동사술어문의 부정형 : 주어+不+동사서술어

他不来。
tā bù lái

[교|체|연|습]

我, 你, 她。
wǒ nǐ tā

去, 听, 说, 写, 看。
qù tīng shuō xiě kàn

6 ➡ 동사술어문의 의문문(일반의문문과 정반의문문)

你来吗？
nǐ lái ma

他来不来？
tā lái bù lái

[교|체|연|습]

去, 听, 说, 写, 看。
qù tīng shuō xiě kàn

✓ 새로 나온 **단어**

你 nǐ 대 너, 당신	他 tā 대 그	她 tā 대 그녀
我 wǒ 대 나	好 hǎo 형 좋다	您 nín 대 你의 존칭
老师 lǎoshī 명 선생님	来 lái 동 오다	去 qù 동 가다
听 tīng 동 듣다	说 shuō 동 말하다	写 xiě 동 쓰다
不 bù 부 아니다	早上 zǎoshang 명 아침	晚上 wǎnshang 명 저녁

再见 zàijiàn 안녕히 계십시오(가십시오)
吗 ma 조 -입니까? 의문문을 만드는 어기조사

어법 포인트

1 인사하기

'你好!'는 인사말이며, 우리말의 '안녕하세요'에 해당한다. 인사말은 또 때에 따라서 아침에는 '早上好!', 저녁에는 '晚上好!'로 할 수도 있다. 헤어질 때는 '再见!'으로 인사한다.

인사말	
안녕하세요	你好!
아침	早上好!
저녁	晚上好!
헤어질때	再见!

2 동사술어문

'你来, 我听, 他说, 你写, 我看'에서 동사 '来, 听, 说, 看'이 서술어로 쓰였는데, 동사가 서술어인 문장을 '동사 술어문'이라고 한다.

동사술어문의 부정문은 동사 앞에 부정부사 '不'를 붙이면 된다.

동사술어문	부정문
他来。	他不来。
他去。	他不去。
他听。	他不听。
他说。	他不说。
他写。	他不写。
他看。	他不看。

동사술어문은 문장 끝에 '吗'를 붙이는데, 이러한 의문문을 일반의문문이라 한다.

긍정형과 부정형을 함께 쓰는 경우도 의문문이라고 하는데 이러한 의문문을 정반(正反)의문문이라고 한다.

동사술어문	일반 의문문	정반 의문문
他来。	他来吗?	他来不来?
他去。	他去吗?	他去不去?
他听。	他听吗?	他听不听?
他说。	他说吗?	他说不说?
他写。	他写吗?	他写不写?
他看。	他看吗?	他看不看?

3 '你'의 존칭은 '您'이다.

한국어는 경어와 존칭이 발달한 언어이지만, 중국어는 한국어와는 달리 극히 일부 단어에만 존칭이 존재한다.

你	您(존칭)

4 성조의 변화

성조가 일정한 조건에서 변하는 것을 '變調(변조)'라고 한다.

1) 3성의 변조

'你好'처럼 3성+3성일 경우 앞의 3성을 2성으로 바꿔서 발음해야 한다. 표기는 그대로 3성으로 표기하고 읽기는 2성+3성으로 발음한다.

예를 들면	3성+3성	你好 nǐ hǎo	语法 yǔfǎ	辅导 fǔdǎo

2) 반3성

중국어 성조에서 3성 뒤에 1성, 2성, 4성이 오면 앞의 3성은 내려가는 부분의 반만 발음되는데, 모두 발음하지 않고 반만 발음한다고 해서 이를 반3성이라고 한다.

예를 들면	3성+1성	老师 : lǎoshī	好吃 : hǎochī	北京 : běijīng
	3성+2성	很忙 : hěn máng	你来 : nǐ lái	好人 : hǎorén
	3성+4성	请问 : qǐngwèn	感谢 : gǎnxiè	炒饭 : chǎofàn

제1과 你好!

어법 포인트

중국어 첫걸음

3) '不'의 변조

'不'은 원래 4성이지만, 뒤에 4성이 올 때는 2성으로 변한다. 표기는 4성 그대로 두는 경우도 있으나, 한국에서 출판되는 대부분의 교재는 2성으로 표기한다.

- **不+1,2,3성 : 변함이 없다**

不听 : bù tīng	不学 : bù xué	不管 : bù guǎn

- **不+4성 : 2성으로 읽는다**

不客气 : búkèqi	不看 : bú kàn	不去 : bú qù

한자의 원류 我

나 '我(아)'자의 원래 뜻은 긴 자루와 세 개의 창이 달린 무기였다. 어떤 학자들은 **金文**을 이용해서 두 자루의 무기가 서로 부딪치고 있는 모습이라고 한다. 그러나 **甲骨文**(갑골문)에서부터 일인칭 대명사로 **假借**(가차)되었으며, 지금은 1인칭을 지칭하는 나 '我'자로 굳어진 예다. 글자의 형체는 다음과 같이 변천되었다.

갑골문	금문	전국문자	소전	예서	해서
𢦒	找	找	我	我	我

연습문제

1. 다음 동사를 쓰고 한어병음과 성조를 표시하시오

   ❶ 가다 : _____   ❷ 보다 : _____

   ❸ 쓰다 : _____   ❹ 오다 : _____

2. 다음 번체자의 간체자를 쓰시오.

   ❶ 聽 : _____   ❷ 說 : _____

   ❸ 老師 : _____   ❹ 再見 : _____

3. 다음 한어병음을 한자로 쓰시오.

   ❶ zǎoshang : _____   ❷ wǎnshang : _____

4. 다음 한어병음과 성조를 표시하고 한자를 써보시오.

   ❶ 그는 말합니다.

   한어병음 : _____.   한자 : _____.

   ❷ 그는 듣지 않습니다.

   한어병음 : _____.   한자 : _____.

   ❸ 나는 오지 않습니다.

   한어병음 : _____.   한자 : _____.

   ❹ 그는 씁니다.

   한어병음 : _____.   한자 : _____.

제1과 你好! 47

간체자 쓰기연습

我 나 아
我 | 我 我 我

你 너 니
你 | 你 你 你

他 남 타
他 | 他 他 他

您 당신 니
您 | 您 您 您

老 늙을 로
老 | 老 老 老

師 스승 사
师 | 师 师 师

來 올 래
来 | 来 来 来

說 말씀 설, 기쁠 열
说 | 说 说 说

寫 쓸 사
写 | 写 写 写

| 听 | 听 听 听 | | | | | | | 聽 들을 청 |

| 早 | 早 早 早 | | | | | | | 早 이를 조 |

| 晚 | 晚 晚 晚 | | | | | | | 晚 늦을 만 |

| 上 | 上 上 上 | | | | | | | 上 위 상 |

| 再 | 再 再 再 | | | | | | | 再 다시 재 |

| 见 | 见 见 见 | | | | | | | 見 볼 견 |

제1과 你好! 49

MEMO

你忙吗？(바쁘세요?)
nǐ máng ma

吗와 呢 / 인칭대명사의 복수형 / 형용사술어문 / 儿화음

제 **2** 과

Dialogue

1 죄송합니다 - 괜찮습니다

对不起。 - 没关系 / 没事儿。
duìbuqǐ　　méiguānxi　　méi shìr

2 감사합니다 - 천만에요

谢谢。 - 不客气 / 不用谢。
xiè xie　　bú kè qi　　búyòng xiè

3 형용사술어문(1)

A : 你忙吗？
　　nǐ máng ma

B : 我很忙, 你呢？
　　wǒ hěn máng　nǐ ne

A : 我也很忙。
　　wǒ yě hěn máng

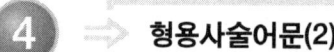

你们 - 我们 / 好, 他们 / 累, 她们 / 饿。
nǐmen　wǒmen　hǎo　tāmen　lèi　tāmen　è

4 형용사술어문(2)

A : 你爸爸、妈妈都好吗？
　　nǐ bàba　māma dōu hǎo ma

B : 他们也都很好。你呢？
　　tāmen yě dōu hěn hǎo　nǐ ne

A : 我也很好。
　　wǒ yě hěn hǎo

교체연습

哥哥、姐姐, 弟弟、妹妹。
gēge   jiějie   dìdi   mèimei

5 형용사술어문의 정반의문문(3)

你忙不忙？
nǐ máng bù máng

我不太忙。
wǒ bú tài máng

교체연습

很, 非常。
hěn   fēicháng

☑ 새로 나온 단어

你们 nǐmen 떼 너희, 당신들 '你'의 복수
我们 wǒmen 떼 우리들 '我'의 복수
累 lèi 형 피곤하다
饿 è 형 배고프다
都 dōu 부 모두
呢 ne 조 문장 끝에 사용하여 의문을 나타내는 의문조사
妈妈 māma 명 어머니
姐姐 jiějie 명 누나, 언니
弟弟 dìdi 명 남동생
对不起 duìbuqǐ 미안합니다
谢谢 xièxie 감사합니다
不用 búyòng -할 필요가 없다

他们 tāmen 떼 그들 '他'의 복수
吗 ma 조 문장 끝에 사용하여 의문을 나타내는 의문조사
忙 máng 형 바쁘다
很 hěn 부 매우
也 yě 부 또한, 역시
爸爸 bàba 명 아버지
哥哥 gēge 명 형, 오빠
妹妹 mèimei 명 여동생
非常 fēicháng 부 매우, 대단히
没关系 méiguānxi 괜찮습니다
客气 kèqi 예의가 바르다. 겸손하다.
不太 bú tài 별로~하지 않다.

1. '吗'를 이용해서 의문문 만들기

'你忙吗'에서 '吗'는 의문을 나타내는 조사이며, 평서문의 문장 끝에 '吗'를 붙이면 의문문이 된다.

평서문	"吗"를 붙인 의문문
你好.	你好吗?
你累.	你累吗?
你饿.	你饿吗?
你忙.	你忙吗?
他来.	他来吗?
他听.	他听吗?
他说.	他说吗?
他看.	他看吗?

2. '呢'를 이용해서 의문문 만들기

'呢'는 앞의 화제를 이어받아서 상대방이 질문한 것과 같은 내용을 물을 때 대신해서 사용한다.

你好吗? - 我很好, 你呢?	你呢는 你好吗를 대신함
你忙吗? - 我很忙, 你呢?	你呢는 你忙吗를 대신함
你去吗? - 我去, 你呢?	你呢는 你去吗를 대신함

3. 인칭대명사와 복수형

'们'은 복수를 나타내는 접미사이며, '我, 你, 他, 她' 뒤에 붙일 수 있다. '您' 뒤에는 '们'을 붙일 수 없다.

		단수	복수
1인칭		我	我们
2인칭		你/您	你们
3인칭	남	他	他们
	여	她	她们
	사물 동물	它	它们

중국어 첫걸음

4 형용사 술어문

1) 형용사가 서술어가 되는 문장을 '형용사 술어문'이라고 한다.
   일반적으로 주어+정도부사(很, 非常, 不太)+형용사의 어순으로 쓴다.

주어	정도부사	형용사
我	很	好
我	非常	累
我	不太	忙

2) 형용사 술어문의 부정은 주어+부정부사(不)+형용사이며, 이때는 정도부사 '很'을 쓰지 않는다

형용사 술어문			형용사 술어문의 부정문		
주어	정도부사	형용사	주어	부정부사	형용사
我	很	好	我	不	好
我	很	累	我	不	累
我	很	忙	我	不	忙
我	很	饿	我	不	饿

5 没事儿: 얼화음(儿化音)

'没事儿'은 '괜찮습니다'의 뜻으로 얼화음이다.

북경어의 특징이기도한 중국어의 얼화음은 운모 'er'이 다른 운모와 결합해서 만든다. 쓰는 방법은 원래 한자 뒤에 '儿'을 붙이고, 발음을 표기할 때는 원래 'er'이 결합하지만, 운모 끝에는 'r'만 붙이고 발음 할 때는 'er'로 발음한다.

| 예를 들면 | 没事儿 méishìr | 玩儿 wánr | 花儿 huār |

한자의 원류 好

'好'는 '좋다'를 뜻하는데, 그 원류를 살펴보면 여자가 아이를 안고 있는 모습이다. 새로운 생명의 탄생으로 좋다는 의미를 나타낸 것이다. '好'는 '좋다'는 뜻일 때는 3성이지만, 4성으로 발음 될 때도 있다. 갑골문부터의 변화과정은 다음과 같다.

갑골문	금문	전국문자	소전	예서	해서

연습문제

1. 다음 단어에 알맞은 한자와 한어병음 및 성조를 표시하시오.

   ❶ 배고프다 : _____   ❷ 피곤하다 : _____
   ❸ 바쁘다 : _____

2. 다음 상황에 알맞은 대답을 쓰시오.

   ❶ 죄송합니다 : _____   ❷ 감사합니다 : _____

3. 다음 번체자를 간체자로 바꾸시오.

   ❶ 媽 : _____   ❷ 對 : _____
   ❸ 餓 : _____   ❹ 氣 : _____

4. 중국어 인칭대명사와 복수형을 써보세요

   _____
   _____
   _____

5. 다음 괄호 안에 알맞게 써넣으시오.

对不起		죄송합니다
没关系	méiguānxi	
	hěnmáng	매우 바쁘다
谢谢	xièxie	

간체자 쓰기연습

们	们 们 们					們 들 문
吗	吗 吗 吗					嗎 의문조사 마
累	累 累 累					累 누 끼칠 루
饿	饿 饿 饿					餓 주릴 아
忙	忙 忙 忙					忙 바쁠 망
很	很 很 很					很 패려궂을 흔
都	都 都 都					都 도읍 도
也	也 也 也					也 어조사 야
呢	呢 呢 呢					呢 소곤거릴 니

제2과 你忙吗?

간체자 쓰기연습

| 爸 | 爸 爸 爸 | | 爸 아비 파 |

| 妈 | 妈 妈 妈 | | 媽 어미 마 |

| 哥 | 哥 哥 哥 | | 哥 형 가 |

| 姐 | 姐 姐 姐 | | 姐 누이 저 |

| 妹 | 妹 妹 妹 | | 妹 누이 매 |

| 弟 | 弟 弟 弟 | | 弟 아우 제 |

| 对 | 对 对 对 | | 對 마주할 대 |

| 起 | 起 起 起 | | 起 일어날 기 |

| 没 | 没 没 没 | | 沒 없을 몰 |

关	关 关 关									關 빗장 관
系	系 系 系									係, 繫 맬 계
谢	谢 谢 谢									謝 사례할 사
客	客 客 客									客 손님 객
气	气 气 气									氣 기운 기

제2과 你忙吗? **59**

MEMO

我是学生。(저는 학생입니다)

wǒ shì xuésheng

是자문 / 的의 용법 / 这, 那, 哪 / 양사 位, 个 / 어기조사 啊

제 **3** 과

Dialogue

1 ▶ '是'字文과 '是'字文의 정반의문문

您是老师吗？
nín shì lǎoshī ma

是，我是老师。
shì wǒ shì lǎoshī

他是不是老师？
tā shì bu shì lǎoshī

不是，他是学生。
bú shì tā shì xuésheng

他是你们的老师吗？
tā shì nǐ men de lǎoshī ma

不是，他是我们的朋友。
bú shì tā shì wǒmen de péngyou

2 ▶ 지시대명사 '这, 那'와 구조조사 '的'

这是书吗？
zhè shì shū ma

不是，这是词典。
bú shì zhè shì cídiǎn

那是不是报纸？
nà shì bu shì bàozhǐ

不是，那是杂志。
bú shì nà shì zázhì

这是你的笔吗？
zhè shì nǐ de bǐ ma

不是，这是他的笔。
bú shì zhè shì tā de bǐ

3 ▶ 의문조사 '谁', '什么'

这是什么？
zhè shì shénme

这是电脑。
zhè shì diànnǎo

这位是谁的同学？
zhèwèi shì shéi de tóngxué

这位是我的同学。
zhèwèi shì wǒ de tóngxué

她是谁？
tā shì shéi

她是我爱人。
tā shì wǒ àirén

那个人是谁啊？
nàge rén shì shéi a

那个人是我弟弟。
nàge rén shì wǒ dìdi

4 의문조사 '哪'

你是哪国人？ 我是韩国人。
nǐ shì nǎ guó rén wǒ shì hánguórén

他是中国人吗？ 不是，他是日本人。
tā shì zhōngguórén ma bú shì, tā shì rìběnrén

他是不是德国人？ 不是，他是法国人。
tā shì bu shì déguórén bú shì, tā shì fǎguórén

她是美国人吗？ 不是，她是英国人。
tā shì měiguórén ma bú shì, tā shì yīngguórén

☑ 새로 나온 단어

是 shì 동 -이다
朋友 péngyou 명 친구
词典 cídiǎn 명 사전
报纸 bàozhǐ 명 신문
笔 bǐ 명 필기구
同学 tóngxué 명 같은반, 친구 급우
什么 shénme 의대 무엇, 어떤, 어느
位 wèi 양사 분
个 ge 양사 사람을 세는 양사. 원래는 4성, 앞에 숫자가 오게 되면 경성으로 변함.
哪 nǎ 의대 어느
人 rén 명 사람
中国 zhōngguó 고명 중국
日本 rìběn 고명 일본
德国 déguó 고명 독일

学生 xuésheng 명 학생
书 shū 명 책
杂志 zázhì 명 잡지
爱人 àirén 명 아내나 남편을 가리킴
的 de 관 -의
谁 shéi, shuí 의대 누구
电脑 diànnǎo 명 컴퓨터
国 guó 명 나라
韩国 hánguó 고명 한국
法国 fǎguó 고명 프랑스
英国 yīngguó 고명 영국
啊 a 조 의문문의 끝에 쓰여 어기를 나타냄

어법 포인트

1 **판단동사 '是'의 용법**

중국어에서 판단동사인 '是'는 '- 은 - 이다'라는 표현이다.

1) '是'는 단수, 복수, 인칭에 관계없이 과거, 현재, 미래나 존대, 평대, 하대의 구분도 없다.

| 我是学生。 | 这是书。 | 我是老师。 | 他是韩国人。 |

2) '是' 의 부정형은 '是'앞에 '不'을 붙여주면 된다.

| 我不是学生。 | 这不是书。 | 我不是老师。 | 他不是韩国人。 |

3) 의문형은 술어문 끝에 의문조사 '吗'를 사용한다.

| 你是学生吗? | 这是书吗? | 你是老师吗? | 他是韩国人吗? |

4) 정반의문문은 '是不是'로 된다.

| 你是不是学生? | 这是不是书? | 你是不是老师? | 他是不是韩国人? |

5) 의문사를 자체 내에 포함하고 있는 의문문을 특지(特指) 의문문이라고 하는데 이러한 특지 의문문에서는 '吗' 를 붙이지 않는다.

| 他是谁? | 这是什么? | 这个人是谁啊? | 她是哪国人? |

2 **구조조사 '的'의 용법**

명사나 대명사가 뒤에 오는 명사를 수식할 경우, 수식어와 중심어 사이에 쓴다.
수식어(명사나 대명사)+的+중심어

| 예를 들면 | 我的朋友 | 我的老师 | 他的妈妈 | 朋友的报纸 |

중국어 첫걸음

하지만 친족관계를 나타 낼 때면 구조조사 '的'를 생략할 수 있다.

예를 들면	我爱人	我弟弟

3. '这, 那'의 지시대명사와 '哪'의 의문대명사

'这'와 '那'는 지시대명사로, '这'는 '이' 혹은 '이것'을 나타내고 '那'는 '그' '저' 혹은 '그것' '저것'을 나타낸다. '哪'는 의문 대명사로 '어느, 어떤'을 나타낸다.

예를 들면	这	이것	那	저것	哪	어느, 어떤

4. 사람을 나타내는 양사 '位, 个'

중국어에서는 지시대명사와 명사 사이에 양사를 반드시 써야 한다.

사람을 나타내는 양사에는 '位'와 '个'가 있는데 '位'는 우리말의 경어인 '분'에 해당되고 '个'는 '평대'에 속하는 것으로 '사람'에 해당된다.

평대		경어	
这个人	이 사람	这位	이 분
那个人	저 사람	那位	저 분

5. 어기조사 '啊'

중국어는 한국어에 비해서 어기조사가 발달되어 있다.

어기조사 '啊'는 의문의 어기를 나타내며, '吗'와는 달리 '啊' 자체로는 의문을 나타내는 작용이 없다.

한자의 원류 朋

갑골문에서 朋(붕)자는 한 곳에 두 방향으로 엮은 옥이나 조개인데, 이것으로 무리를 짓다는 뜻을 표현했다. 전국문자와 소전에서는 봉황의 형상으로 바뀌었고 朋黨(붕당)을 의미했으며, 예서와 해서에서 달 月(월)자의 형체가 둘로 나뉘어져서 지금의 朋(붕)자를 만들었다.

갑골문	금문	전국문자	소전	예서	해서
拜	拜	豸		朋	朋

연습문제

1. 다음 단어에 알맞은 한어병음과 성조를 쓰시오.

   ① 사전 : _____   ② 필기구 : _____

   ③ 잡지 : _____   ④ 신문 : _____

2. 다음 단어를 이용하여 괄호 안에 들어갈 병음을 써보시오

   杂志, 报纸, 老师, 书, 词典, 笔, 的.

	z			c			
b		z	h				
	z			d	e		
	h						s
b			l			s	h
			n				

3. 다음 번체자를 간체자로 쓰고 한어병음과 성조를 표시하시오.

   ① 學 : _____   ② 雜 : _____   ③ 筆 : _____   ④ 書 : _____

4. 다음 빈칸에 알맞게 써넣으시오.

词典		사전
	péngyou	친구
同学	tóngxué	
杂志		잡지

5. 다음 단어의 어순을 바르게 배치하시오

   ① 学生 我 是　_____

   ② 是 老师 他 我 的　_____

   ③ 他 哪 是 国 人　_____

   ④ 谁 位 这 是　_____

간체자 쓰기연습

是 옳을 시
是 是 是 是

学 學 배울 학
学 学 学

生 날 생
生 生 生

朋 벗 붕
朋 朋 朋

友 벗 우
友 友 友

词 詞 말씀 사
词 词 词

典 법 전
典 典 典

杂 雜 섞일 잡
杂 杂 杂

志 誌 기록할 지
志 志 志

제3과 我是学生。

간체자 쓰기연습

| 同 | 同 同 同 | | | | | | | | 同 같을 동 |

| 笔 | 笔 笔 笔 | | | | | | | | 筆 붓 필 |

| 谁 | 谁 谁 谁 | | | | | | | | 誰 누구 수 |

| 纸 | 纸 纸 纸 | | | | | | | | 紙 종이 지 |

| 的 | 的 的 的 | | | | | | | | 的 과녁 적 |

| 报 | 报 报 报 | | | | | | | | 報 갚을 보 |

| 这 | 这 这 这 | | | | | | | | 這 이 저 |

| 个 | 个 个 个 | | | | | | | | 個 낱 개 |

| 美 | 美 美 美 | | | | | | | | 美 아름다울 미 |

那	那 저 나
哪	哪 어찌 나
爱	愛 사랑 애
人	人 사람 인
啊	啊 어조사 아
韩	韓 나라 한
国	國 나라 국
德	德 덕 덕
中	中 가운데 중

제3과 我是学生。

간체자 쓰기연습

法	法 法 法							法 법 법
日	日 日 日							日 날 일
本	本 本 本							本 근본 본
英	英 英 英							英 꽃부리 영
什	什 什 什							什 열사람 십
么	么 么 么							麽 그런가 마
电	电 电 电							電 번개 전
脑	脑 脑 脑							腦 머리골 뇌

你学习什么?
nǐ xuéxí shénme

(당신은 무엇을 배우십니까?)

주어+동사+목적어 / 什么 / yu발음 / 중국어 姓과 이름

제 **4** 과

Dialogue

1 你学习什么？ - 我学习汉语。
　　nǐ xuéxí shénme　　wǒ xuéxí hànyǔ

[교체연습]

韩语, 英语, 日语, 德语, 法语。
hányǔ　yīngyǔ　rìyǔ　déyǔ　fǎyǔ

2 你吃什么？ - 我吃面条。
　　nǐ chī shénme　　wǒ chī miàntiáo

[교체연습]

面包, 饺子, 米饭, 馒头, 包子。
miànbāo　jiǎozi　mǐfàn　mántou　bāozi

3 你喝什么？ - 我喝可口可乐。
　　nǐ hē shénme　　wǒ hē kěkǒukělè

[교체연습]

乌龙茶, 果汁, 矿泉水,
wūlóngchá　guǒzhī　kuàngquánshuǐ
奶茶, 酸奶。
nǎichá　suānnǎi

4 你买什么？ - 我买书。
　　nǐ mǎi shénme　　wǒ mǎi shū

[교체연습]

电脑, 书包, 磁带, 光盘, 本子。
diànnǎo　shūbāo　cídài　guāngpán　běnzi

5 您贵姓？ 我姓李。李是木子李的李。
nín guì xìng　wǒ xìng lǐ　lǐ shì mù zi lǐ de lǐ

你姓什么？ 我姓王。王是王朝的王。
nǐ xìng shén me　wǒ xìng wáng　wáng shì wángcháo de wáng

他姓什么？ 他姓曹。曹是曹操的曹。
tā xìng shén me　tā xìng cáo　cáo shì cáo cāo de cáo

你叫什么名字？ 我叫李明。
nǐ jiào shénme míngzi　wǒ jiào lǐmíng

明是明天的明。
míng shì míngtiān de míng

☑ 새로 나온 단어

日语 rìyǔ [고명] 일본어	英语 yīngyǔ [고명] 영어
汉语 hànyǔ [고명] 중국어	韩语 hányǔ [고명] 한국어
德语 déyǔ [고명] 독일어	法语 fǎyǔ [고명] 프랑스어
学习 xuéxí [동] 공부하다	吃 chī [동] 먹다
买 mǎi [동] 사다	喝 hē [동] 마시다
饺子 jiǎozi [명] 만두	面条 miàntiáo [명] 국수
米饭 mǐfàn [명] 쌀밥	面包 miànbāo [명] 빵
馒头 mántou [명] 소가 들지 않은 찐방	包子 bāozi [명] 소가 든 찐빵
果汁 guǒzhī [명] 과일 쥬스	可口可乐 kěkǒukělè [명] 코카콜라
手机 shǒujī [명] 핸드폰	王朝 wángcháo [명] 왕조

乌龙茶 wūlóngchá [명] 오룡차 흙갈색의 반쯤 발효된 잎차. 복건 광동 대만 등지에서 생산된다.
奶茶 nǎichá [명] 우유나 양유를 넣어 만든차(몽골 청해 티벳 신강지역 에서 많이 먹는다)

酸奶 suānnǎi [명] 요구르트	矿泉水 kuàngquánshuǐ [명] 광천수
书包 shūbāo [명] 책가방	磁带 cídài [명] 카세트테이프
光盘 guāngpán [명] CD	本子 běnzi [명] 노트
姓 xìng [명] 성씨	贵 guì [동][형] 귀하게 여기다, 비싸다
叫 jiào [동] -라고 불리우다.	名字 míngzi [명] 이름
明天 míngtiān [명] 내일	李, 王, 曹 lǐ, wáng, cáo [고명] 이, 왕, 조의 성씨를 나타냄
李明 lǐmíng [고명] 리밍	曹操 cáocāo [고명] 조조 중국 삼국시대 魏(위)나라의 시조(始祖)

어법 포인트

1. 주어+동사서술어+목적어

중국어에서는 목적어가 서술어 앞에 온다. 한국어의 어순과 비교해보면 다음과 같다.

주어	동사서술어	목적어
나는	배웁니다	중국어를
我	学习	汉语
나는	갑니다	학교에
我	去	学校

2. 의문대명사 '什么'

앞에서(제3과) 의문대명사가 있는 의문문을 '특지(特指) 의문문'이라고 한다.
'什么' 역시 특지의문문으로 의문을 나타내는 말을 포함하고 있으므로 '吗'를 붙이지 않는다.

你学习什么?	你吃什么?	你喝什么?	你买什么?

3. 발음상 유의해야할 'yü'

중국어 발음표기에서 'ü, üe, üan, ün'을 표기할 때는 앞에 모두 'y'를 붙여주고 위의 두 점은 생략한다. 하지만 발음은 위에 두 점이 있을 때와 같이 그대로 한다.

ü-yu	üe-yue	üan-yuan	ün-yun

그러므로 '汉语(hànyǔ), 韩语(hányǔ), 德语(déyǔ)' 등의 발음에서 '语(yǔ)' 발음은 위의 두 점이 있는 것과 같이 발음되지만, 실제 표기에서는 두 점을 표시하지 않는다.

4. 중국어로 성(姓)과 이름(名字)을 묻고 대답하는 방법

중국인의 성명도 성과 이름의 두 부분으로 되어있으며, 성이 앞에 있고 이름은 뒤에 있다. 먼저 성을 묻고 이름을 묻는다.

중국어 첫걸음

1) 您贵姓?

상대방의 성씨를 묻는 겸손한 표현으로 귀(贵)는 상대방을 높이고자 할 때 쓰는 표현으로써 우리말의 '贵国, 贵校'와 같은 의미이다. 대답은 반드시 '贵'를 빼고 해야 한다.

我姓李。	李是木子李的李。	我姓曹。	曹是曹操的曹。

하지만 어린이나 손아랫사람에게 물을 때는 '您贵姓?'이라고 묻지 않고 '你姓什么?'라고 묻는다. 또한 3인칭에 대해 물을 때에도 '他贵姓?'이라고 묻지 않고 '他姓什么?'라고 묻는다.

상대방의 성씨를 묻는 표현		대답
상대방을 높이고자 할때	您贵姓?	我姓李。
어린이나 손아랫사람	你姓什么?	我姓王。
3인칭	他姓什么?	他姓曹。

2) 你叫什么名字?

이름을 묻는 말에 대답할 때에는 성을 이미 대답했지만 성과 이름을 모두 포함해서 대답한다.

예를 들면	您贵姓?	我姓洪。
	你叫什么名字?	我叫洪映熙。

주의 : 중국어는 발음이 같아도 성조에 따라서 뜻이 달라지며, 발음과 성조가 같은 한자가 많으므로 이름을 대답할 때도 위에서 성씨를 대답할 때처럼 반드시 자신의 한자 이름이 무엇인지 말해주어야 한다. 예를 들면, '洪(hóng)'과 '红(hóng)'은 성조와 발음이 모두 같으므로, '洪'을 '红'으로 인식할 수 있기 때문이다. 그러므로 '洪是洪秀全的洪', '红是红色的红'이라고 설명해주어야 한다.

한자의 원류 習

'익히다' '연습하다'를 뜻하는 이 글자의 자형을 살펴보면, 갑골문에서 위는 깃 '羽(우)'자이고 아래는 날 '日(일)'자로, 새가 나는 것을 연습하는 것을 말하며 '연습하다'는 뜻을 나타낸다. '日(일)'은 후에 '白(백)' 자로 바뀌었다.

갑골문	금문	전국문자	소전	예서	해서

제4과 你学习什么?

연습문제

1. 다음 단어의 한어병음과 성조 및 뜻을 쓰시오.

   ① 面包 : _____   ② 米饭 : _____
   ③ 汉语书 : _____   ④ 可口可乐 : _____

2. 다음 문장을 써보세요.

   ① 나는 책가방을 삽니다. 한어병음 : _____. 한자 : _____.
   ② 나는 쥬스를 마십니다. 한어병음 : _____. 한자 : _____.
   ③ 나는 중국어를 배웁니다. 한어병음 : _____. 한자 : _____.
   ④ 나는 만두를 먹습니다. 한어병음 : _____. 한자 : _____.

3. 다음 번체자를 간체자로 바꾸시오.

   ① 礦 : _____   ② 韓 : _____   ③ 麵 : _____   ④ 條 : _____

4. 다음 단어를 괄호 안에 알맞게 넣으시오.

   学习, 什么, 米饭, 面包, 你呢, 我, 汉语, 买书, 果汁.

		x					h				g
					m		i	s	h		
s				e		n					
		x				y					z
	m			n							
							w				
	m			b							

5. 다음 단어의 어순을 바르게 배열하시오.

   ① 什么 吃 你   _____
   ② 买 可口可乐 我   _____
   ③ 我 韩语 学习   _____
   ④ 喝 茶 你   _____

76 중국어 첫걸음

간체자 쓰기연습

语	語 말씀 어
习	習 익힐 습
汉	漢 물이름 한
吃	吃 먹을 흘
面	麵 가루 면
条	條 가지 조
包	包 쌀 포
饺	餃 경단 교
子	子 아들 자

제4과 你学习什么?

간체자 쓰기연습

米 쌀 미
米 米 米

饭 밥 반
饭 饭 饭

喝 더위먹을 갈
喝 喝 喝

茶 차 다
茶 茶 茶

可 옳을 가
可 可 可

口 입 구
口 口 口

樂 즐길 락, 풍류 악, 좋아할 요
乐 乐 乐

果 실과 과
果 果 果

汁 즙 즙
汁 汁 汁

| 矿 | 矿 | 矿 | 矿 | | | | | | | 礦 쇳돌 광, 유황 황 |

| 泉 | 泉 | 泉 | 泉 | | | | | | | 泉 샘 천 |

| 水 | 水 | 水 | 水 | | | | | | | 水 물 수 |

| 买 | 买 | 买 | 买 | | | | | | | 買 살 매 |

| 书 | 书 | 书 | 书 | | | | | | | 書 책 서 |

| 馒 | 馒 | 馒 | 馒 | | | | | | | 饅 만두 만 |

| 头 | 头 | 头 | 头 | | | | | | | 頭 머리 두 |

| 乌 | 乌 | 乌 | 乌 | | | | | | | 烏 까마귀 오 |

| 龙 | 龙 | 龙 | 龙 | | | | | | | 龍 용 용 |

제4과 你学习什么？ **79**

간체자 쓰기연습

한자	한자 쓰기	훈음
奶	奶 奶 奶	奶 젖 내
酸	酸 酸 酸	酸 신 산
磁	磁 磁 磁	磁 자석 자
帶	带 带 带	帶 띠 대
姓	姓 姓 姓	姓 성 성
贵	贵 贵 贵	貴 귀할 귀
叫	叫 叫 叫	叫 부르짖을 규
名	名 名 名	名 이름 명
字	字 字 字	字 글자 자

| 明 | 明 明 明 | | | | | | | | 明 밝을 명 |

| 天 | 天 天 天 | | | | | | | | 天 하늘 천 |

| 李 | 李 李 李 | | | | | | | | 李 오얏 리 |

| 王 | 王 王 王 | | | | | | | | 王 임금 왕 |

| 曹 | 曹 曹 曹 | | | | | | | | 曺 성 조 |

| 手 | 手 手 手 | | | | | | | | 手 손 수 |

| 机 | 机 机 机 | | | | | | | | 機 틀 기 |

| 朝 | 朝 朝 朝 | | | | | | | | 朝 아침 조 |

| 操 | 操 操 操 | | | | | | | | 操 잡을 조 |

제4과 你学习什么? 81

MEMO

一斤苹果多少钱?
yì jīn píngguǒ duōshao qián

(사과 한 근에 얼마입니까?)

多少钱? / 수사와 숫자 표현 / 수량사 / 가격 표현 / 要 / '一'의 성조변조

제 **5** 과

Dialogue

1 一斤苹果多少钱？ 一块二。
　　yì jīn píngguǒ duōshao qián　yí kuài èr

[교체연습]

三斤荔枝， 二十块。
sān jīn lìzhī　èr shí kuài

一斤西瓜， 五毛。
yì jīn xīguā　wǔ máo

2 一杯咖啡多少钱？ 六块。
　　yì bēi kāfēi duōshao qián　liù kuài

[교체연습]

一瓶牛奶， 三块三(毛)。
yì píng niúnǎi　sān kuài sān máo

一听啤酒， 四块二(毛)。
yì tīng píjiǔ　sì kuài èr máo

两支铅笔， 一块九(毛)。
liǎng zhī qiānbǐ　yí kuài jiǔ máo

一盒圆珠笔， 九块零九分。
yì hé yuánzhūbǐ　jiǔ kuài líng jiǔ fēn

三支钢笔， 十五块钱。
sān zhī gāngbǐ　shí wǔ kuài qián

3 这本书怎么卖？
　　zhè běn shū zěnme mài

这本书十块八毛七分钱。
zhè běn shū shí kuài bā máo qī fēn qián

[교체연습]

那本词典， 二十一块八(毛)。
nà běn cídiǎn　èr shí yí kuài bā máo

4

A: 你要买什么？
　　nǐ yào mǎi shénme

B: 我要买一瓶啤酒，一个本子，一共多少钱？
　　wǒ yào mǎi yì píng píjiǔ， yíge běnzi， yígòng duōshao qián

A: 一瓶啤酒三块五毛钱，一个本子一块四毛钱，
　　yì píng píjiǔ sān kuài wǔ máo qián， yíge běnzi yí kuài sì máo qián
　　一共四块九毛钱。
　　yígòng sì kuài jiǔ máo qián

B: 给你五块钱。
　　gěi nǐ wǔ kuài qián

A: 找你一毛钱。
　　zhǎo nǐ yì máo qián

✓ 새로 나온 단어

- 一 yī 수 일, 하나
- 二 èr 수 이, 둘
- 三 sān 수 삼, 셋
- 四 sì 수 사, 넷
- 五 wǔ 수 오, 다섯
- 六 liù 수 육, 여섯
- 七 qī 수 칠, 일곱
- 八 bā 수 팔, 여덟
- 九 jiǔ 수 구, 아홉
- 十 shí 수 열, 십
- 两 liǎng 수 둘
- 本 běn 양 권
- 瓶 píng 양 병
- 斤 jīn 양 근
- 听 tīng 양 캔을 세는 양사 동 듣다
- 支 zhī 양 자루 가늘고 긴 물건을 세는 단위(枝)
- 盒 hé 양 갑(작은 상자를 셀 때 쓰임) 명 통, 함, 합
- 杯 bēi 양 잔
- 多少 duōshao 의대 얼마, 몇
- 钱 qián 명 돈
- 怎么 zěnme 의대 어떻게
- 卖 mài 동 팔다
- 苹果 píngguǒ 명 사과
- 荔枝 lìzhī 명 여지.(아열대성 식물로 과일의 왕이라 불리며 원산지는 중국 남부이다. 당나라 때 양귀비가 매일 먹었던 과일로 유명하다)
- 西瓜 xīguā 명 수박
- 啤酒 píjiǔ 명 맥주
- 咖啡 kāfēi 명 커피
- 牛奶 niúnǎi 명 우유
- 找 zhǎo 동 거스름 돈을 내주다
- 给 gěi 동 주다
- 块(元) kuài(yuán) 양 중국의 화폐단위
- 毛(角) máo(jiǎo) 양 중국의 화폐단위 一毛는 一元의 십분의 일
- 分 fēn 양 중국의 화폐단위 一分은 一毛의 십분의 일

어법 포인트

1. 多少钱?

중국어에서 가격을 물을 때, '多少钱?'이라는 말을 쓴다. '多少'는 '얼마'라는 뜻으로 수량을 묻는 말이고, '多少钱?'은 '(돈이) 얼마입니까?'이다. '怎么卖?'(어떻게 팝니까? 어떻게 합니까?)라고 물을 수도 있다.

중국어에서 가격을 물을 때	
多少钱?	얼마입니까?
怎么卖?	어떻게 팝니까? 어떻게 합니까?

2. 수사와 숫자 읽기

수사는 수를 나타내며, 基数와 序数로 나눌 수 있는데, 基数 앞에 第를 붙이면 序数가 된다.

다음은 가장 많이 사용되는 수사이며, 이들을 이용해서 숫자를 읽어보도록 한다.

0	1	2	3	4	5	6	7	8	9	10	100	1000	10000
零	一	二	三	四	五	六	七	八	九	十	百	千	万
líng	yī	èr	sān	sì	wǔ	liù	qī	bā	jiǔ	shí	bǎi	qiān	wàn

10 : 十	33 : 三十三	48 : 四十八	90 : 九十
100 : 一百	101 : 一百零一	111 : 一百一十一	150 : 一百五
1000 : 一千	1100 : 一千一百	1020 : 一千零二十	1005 : 一千零五
10000 : 一万	11100 : 一万一千一百	10100 : 一万零一百	10060 : 一万零六十

序数

第一	第二	第三	第四	第五

3. 수사와 양사의 결합 : 수량사

수사는 수를 나타내고, 양사는 사물의 단위를 표시한다. '한 개'에서 '한'이 수사이고 '개'가 양사이다. 우리말에서는 양사의 수와 종류가 매우 제한적이지만, 중국어에는 양사가 매우 발달했다. 중국어에서는 수사가 명사를 수식할 때는 반드시 양사를 써야 하는데 대부분의 명사는 고유의 양사를 가지고 있다.

중국어 첫걸음

지시대명사(这, 那)가 명사를 수식할 때도 양사를 써야 하지만 생략할 수도 있다. 양사 앞의 수사에서 두 개를 나타낼 때는 반드시 '二' 대신 '两'을 써야한다.

예를 들면 : 二个(×), 两个(○).

	수사	양사	명사	수사	양사	명사
책을 셀 때	一	本	书	*两	本	书
사람을 셀 때	三	个	人	*两	个	人
병을 셀 때	四	瓶	牛奶	*两	瓶	牛奶
가늘고 긴 것을 셀 때	五	支	铅笔	*两	支	铅笔
잔을 셀 때	六	杯	咖啡	*两	杯	咖啡
노트를 셀 때	七	个	本子	*两	个	本子

4 가격 말하기

우리나라는 화폐의 단위가 '원(WON)' 하나지만 중국 돈은 '块(元), 毛(角), 分' 세 가지의 단위가 있다. 이를 비교하면 다음과 같다.

1元 = 10角 = 100分

또 구어(口语)에서는 '元'보다는 '块'를 '角'보다는 '毛'를 주로 사용한다. '分'은 동일하다.

돈의 단위를 말할 때는 마지막에 오는 돈의 단위는 생략할 수 있다.

5.39	五块三毛九(分)
135.78	一百三十五块七毛八(分)
1030	一千零三十(块)
15642	一万五千六百四十二块(钱)

주의 할 점 : 숫자 '2'가 올 경우에는 주의해야 한다.

'2'가 단독으로 쓰이면 모두 '两'으로 읽는다.

0.02	两分	0.20	两毛	2.00	两块

'2'가 여러 개 같이 올 경우에는, '块' 의 'won' 단위로 오는 숫자 '2'는 '两'으로 읽으면 된다. '毛'자리의 숫자 '2'는 '两'과 '二'로 모두 읽을 수 있지만, '分'자리는 반드시 '二'로 읽어야 한다.

第5과 一斤苹果多少钱? 87

어법 포인트

중국어 첫걸음

예를 들면

2.20	两块二(毛)
2.22	两块二毛二(分), 两块两毛二(分)
12.02	十二块零二(分)
72.65	七十二块六毛五(分)
122	一百二十二块(钱)

5 능원동사 '要'

'要'가 동사 앞에 쓰일 때는 동사를 도와주는 조동사 역할을 하는데, '-하려고 한다'로 해석한다.

我要买东西。	나는 물건을 사려고 합니다.
我要换钱。	나는 돈을 바꾸려고 합니다.

6 '一'의 성조변조

'一'의 성조는 원래 1성이다.

단독으로 오면 '1성'이고, 뒤에 '1성,2성,3성'이 오면 '4성'으로 변하고, 뒤에 '4성'이나 '경성'이 오면 '2성'으로 변한다. 예를 들면

'一'의 성조변화		
단독으로 오면	변화가 없다	一 yī, 二 èr, 三 sān, 四 sì.
一+1성,2성,3성이 오면	4성	一听 yì tīng, 一瓶 yì píng, 一本 yì běn.
一+4성,경성이 오면	2성	一共 yí gòng, 一个 yí ge.

한자의 원류 買

물건을 사다를 뜻한다. 갑골문을 보면 위에는 그물 '网'이고 아래 부분은 조개 '贝'이다. 조개는 옛날에 화폐로 사용되었는데, 조개를 이용해서 매매(买卖)하는 것을 나타낸다. "卖"자는 갑골문에 보이지 않는다.

갑골문	금문	전국문자	소전	예서	해서

연습문제

1. 다음 괄호 안에 알맞은 양사를 쓰시오.

   ❶ 一(　　)书　❷ 一(　　)本子　❸ 两(　　)咖啡　❹ 一(　　)铅笔

2. 다음 문장을 한어병음과 한자를 쓰고 성조를 표시하시오.

   ❶ 사과 한 근에 얼마입니까.　한어병음 : ＿＿＿＿＿＿．　한자 : ＿＿＿＿＿＿．
   ❷ 당신은 무엇을 사시려구요?　한어병음 : ＿＿＿＿＿＿．　한자 : ＿＿＿＿＿＿．
   ❸ 이 책은 15원입니다.　한어병음 : ＿＿＿＿＿＿．　한자 : ＿＿＿＿＿＿．
   ❹ 거스름돈 3원을 드리겠습니다　한어병음 : ＿＿＿＿＿＿．　한자 : ＿＿＿＿＿＿．

3. 다음 번체자를 간체자로 바꾸시오.

   ❶ 買 : ＿＿＿＿　❷ 塊 : ＿＿＿＿　❸ 錢 : ＿＿＿＿　❹ 筆 : ＿＿＿＿

4. 다음 단어를 괄호안에 알맞게 넣으시오.

铅笔		연필
多少钱	duōshaoqián	
西瓜		수박
	niúnǎi	우유

5. 다음 가격을 계산하시오.

   ❶ 커피1잔에 2.5원, 커피 2잔 : ＿＿＿＿＿＿＿＿＿＿．
   ❷ 책1권에 4.5원, 책 3권 : ＿＿＿＿＿＿＿＿＿＿．
   ❸ 맥주1병에 1.2원, 맥주 3병 : ＿＿＿＿＿＿＿＿＿＿．
   ❹ 연필한자루에 0.8원, 연필 5자루 : ＿＿＿＿＿＿＿＿＿＿．

6. 다음 단어의 어순을 바르게 배열하시오.

   ❶ 多少钱　苹果　一斤　＿＿＿＿＿＿＿＿＿＿．
   ❷ 什么　你　买　要　＿＿＿＿＿＿＿＿＿＿．
   ❸ 两　钱　你　给　块　＿＿＿＿＿＿＿＿＿＿．
   ❹ 钱　找　毛　你　六　＿＿＿＿＿＿＿＿＿＿．

간체자 쓰기연습

瓶 병 병
瓶 瓶 瓶 瓶

斤 도끼 근
斤 斤 斤 斤

杯 잔 배
杯 杯 杯 杯

多 많을 다
多 多 多 多

少 적을 소
少 少 少 少

蘋 네가래 빈
苹 苹 苹 苹

荔 타래붓꽃 여
荔 荔 荔 荔

枝 가지 지
枝 枝 枝 枝

西 서녘 서
西 西 西 西

瓜	瓜 오이 과
啤	啤 맥주 비
酒	酒 술 주
咖	咖 커피 가
啡	啡 커피 배
牛	牛 소 우
块	块 덩어리 괴
钱	钱 돈 전
毛	毛 털 모

제5과 一斤苹果多少钱?

간체자 쓰기연습

角 角 角 角　　　　　　　　　　　角 뿔 각

分 分 分 分　　　　　　　　　　　分 나눌 분

怎 怎 怎 怎　　　　　　　　　　　怎 어찌 즘

盒 盒 盒 盒　　　　　　　　　　　盒 합 합

卖 卖 卖 卖　　　　　　　　　　　賣 팔 매

找 找 找 找　　　　　　　　　　　找 찾을 조

给 给 给 给　　　　　　　　　　　給 넉넉할 급

你在哪儿工作？
nǐ zài nǎr gōngzuò

(당신은 어디에서 일을 하십니까?)

동사 在 / 전치사 在 / 请问 / 这儿, 那儿, 哪儿 / 격음부호

제 6 과

Dialogue

1 ➡ 주어 + 在 + 목적어(장소)

你在哪儿？　我在家。
nǐ zài nǎr　　wǒ zài jiā

[교체연습]

学校, 教室, 宿舍, 食堂, 商店。
xuéxiào jiàoshì sùshè shítáng shāngdiàn

住 / 首尔, 上海, 天津, 广州, 青岛。
zhù　shǒu'ěr shànghǎi tiānjīn guǎngzhōu qīngdǎo

2 ➡ 주어 + 去 + 목적어(장소)

你去哪儿？　我去故宫。
nǐ qù nǎr　　wǒ qù gùgōng

[교체연습]

天安门, 长城, 香山, 北海公园,
tiān'ānmén chángchéng xiāngshān Běihǎi gōngyuán

颐和园。
yíhéyuán

3 ➡ 주어 + 在(전치사) + 목적어(장소) + 동사서술어

你在哪儿学习？
nǐ zài nǎr xuéxí

我在北京大学学习。
wǒ zài běijīng dàxué xuéxí

[교체연습]

工作 / 医院, 银行, 公司。
gōngzuò yīyuàn yínháng gōngsī

4 주어 + 在(전치사) + 목적어(장소) + 동사서술어 + 목적어

你在哪儿学习汉语？ 我在北京大学学习汉语。
nǐ zài nǎr xuéxí hànyǔ   wǒ zài běijīng dàxué xuéxí hànyǔ

你在哪儿买东西？ 我在超级市场买东西。
nǐ zài nǎr mǎi dōngxi   wǒ zài chāojí shìchǎng mǎi dōngxi

你在哪儿看书？ 我在图书馆看书。
nǐ zài nǎr kàn shū   wǒ zài túshūguǎn kàn shū

5 대화

A : 请问，人文学院在哪儿？
　　 qǐngwèn rénwén xuéyuàn zài nǎr

B : 对不起，我不知道。
　　 duìbuqǐ wǒ bù zhīdào

A : 请问，食堂在哪儿？
　　 qǐngwèn shítáng zài nǎr

B : 这儿就是。
　　 zhèr jiùshì

☑ 새로 나온 단어

在 zài 개 ~에 동 ~에 있다
哪儿 nǎr 의대 어느 곳
家 jiā 명 집
教室 jiàoshì 명 교실
食堂 shítáng 명 식당
知道 zhīdào 동 알다
超级市场 chāojíshìchǎng 명 슈퍼마켓
医院 yīyuàn 명 병원
银行 yínháng 명 은행
商店 shāngdiàn 명 상점
故宫 gùgōng 고명 고궁
长城 chángchéng 고명 장성
就 jiù 부 바로
住 zhù 동 -에 살다
上海 shànghǎi 고명 상해
广州 guǎngzhōu 고명 광주
香山 xiāngshān 고명 향산
北海公园 běihǎigōngyuán 고명 북해공원

那儿 nàr 대 그곳
这儿 zhèr 대 이곳
学校 xuéxiào 명 학교
宿舍 sùshè 명 기숙사
去 qù 동 가다
东西 dōngxi 명 물건
图书馆 túshūguǎn 명 도서관
工作 gōngzuò 명 일
公司 gōngsī 명 회사
请问 qǐngwèn 말씀 좀 여쭙겠습니다
天安门 tiān'ānmén 고명 천안문
北京大学 běijīngdàxué 고명 북경대학
人文学院 rénwénxuéyuàn 고명 인문대학
首尔 shǒu'ěr 고명 서울
天津 tiānjīn 고명 천진
青岛 qīngdǎo 고명 청도
颐和园 yíhéyuán 고명 이화원

어법 포인트

1. 동사 '在'

'在'가 '동사'로 쓰이면, '--에 있다'라는 뜻이다. 뒤에 목적어가 올 수도 있는데 이때 목적어는 주로 '学校, 商店, 书店' 등의 장소를 나타내는 말이 온다.

예를 들면	我在家。	他在商店。	我在学校。	他在图书馆。

2. 전치사 '在'

'在'가 개사(전치사)로 쓰이면 '--에서'라는 뜻이며, 장소를 나타내는 말이 전치사 '在'의 목적어로 온다. 이들은 주로 동사서술어 앞에서 동사서술어를 수식하는 부사어로 쓰인다.

예를 들면	我在家吃。	他在商店买。	我在学校学习。	他在图书馆看。

전치사+목적어를 '전치사구'라고 한다.
또한 동사서술어가 목적어를 가질 때의 어순은 다음과 같다.

我在家吃饭。	他在商店买东西。	我在学校学习汉语。	他在图书馆看书。

3. 请问

'请'은 '청하다' '부탁하다' '(존경의 뜻이나 간청의 뜻을 나타내는)~하십시오'등의 뜻을 지닌다. '请问'은 질문을 던지기 전에 주로 사용하는 말이며, '请看'은 '보십시오' 请说은 '말씀하십시오'를 뜻한다.

请问 : 말씀좀 여쭙겠습니다만.	请看 : 보십시오.	请说 : 말씀하십시오.

4. '这儿, 那儿, 哪儿'

지시대명사'这(이, 이것)', '那(그, 그것)'+ 儿은 '이곳, 저곳'을 나타낸다.
의문대명사'哪(어느 것, 어떤)+儿'은 '어느 곳'을 나타낸다.
'儿'을 사용할 때 발음은 'er'로 하지만 표기는 'r'만 붙인다.

중국어 첫걸음

这(zhè)+儿(er)	这儿(zhèr)	이곳
那(nà)+儿(er)	那儿(nàr)	저곳
哪(nǎ)+儿(er)	哪儿(nǎr)	어느곳, 어디

5 격음부호 '天安门'

'a, o, e'로 시작되는 음절의 앞에 다른 음절이 있을 때 음절과 음절간의 경계를 확실히 구분하기 위해서 '격음부호(隔音符号)'를 사용한다.

예를 들면   Tiān'ānmén(天安门),   nǚ'ér(女儿),   kě'ài(可爱)

한자의 원류 教

가르칠교(教)자는 선생님이 손에 회초리를 들고 아이를 가르치는 모습을 그린 것이다. 위의 孝(효)에서 효의 윗부분은 한자의 독음을 나타내고, 그 밑의 아들 子(자)는 아이를 가리키고, 오른쪽에는 손에 회초리를 들고 있는 모습이다. 그래서 '가르치다'는 의미로 쓰인 것이다.

갑골문	금문	전국문자	소전	예서	해서

제6과 你在哪儿工作?

연습문제

1. 다음 문장을 써보세요.
   ① 말씀좀 여쭙겠습니다만 도서관이 어디 있습니까?
   한어병음 : _____. 한자 : _____.
   ② 나는 북경대학에서 공부합니다.
   한어병음 : _____. 한자 : _____.
   ③ 당신은 어디 가십니까?
   한어병음 : _____. 한자 : _____.
   ④ 죄송합니다. 저는 잘 모르겠습니다.
   한어병음 : _____. 한자 : _____.

2. 다음 번체자를 간체자로 바꾸시오.
   ① 醫 : _____ ② 習 : _____ ③ 門 : _____ ④ 圖 : _____

3. 다음 단어를 괄호안에 알맞게 넣으시오.

图书馆	túshūguǎn	
	shāngdiàn	상점
请问	qǐngwèn	
天安门		천안문

4. 다음 단어의 어순을 바르게 배열하시오.
   ① 买 市场 东西 我 在   _____
   ② 哪儿 你 工作 在   _____
   ③ 不 对不起 知道 我   _____
   ④ 学习 北京 我 汉语 大学 在   _____

5. 다음을 해석하고 '在'의 문장성분에 대해서 설명하시오.
   ① 我在北京师范大学。
   ② 我在北京师范大学学习。
   ③ 我在北京师范大学学习汉语。

간체자 쓰기연습

在 있을 재
在 | 在 在 在

家 집 가
家 | 家 家 家

校 학교 교
校 | 校 校 校

教 가르칠 교
教 | 教 教 教

室 집 실
室 | 室 室 室

宿 묵을 숙
宿 | 宿 宿 宿

舍 집 사
舍 | 舍 舍 舍

食 밥 식
食 | 食 食 食

堂 집 당
堂 | 堂 堂 堂

제6과 你在哪儿工作？

간체자 쓰기연습

去	去 갈 거
故	故 옛 고
宫	宮 집 궁
安	安 편안할 안
门	門 문 문
长	長 길 장
城	城 성 성
北	北 북녘 북
京	京 서울 경

大	大 큰 대
銀	銀 은 은
行	行 갈 행
工	工 장인 공
作	作 지을 작
公	公 공변될 공
司	司 맡을 사
商	商 헤아릴 상
店	店 가게 점

간체자 쓰기연습

| 请 | 请 请 请 | | | | | | | | 請 청할 청 |

| 问 | 问 问 问 | | | | | | | | 問 물을 문 |

| 市 | 市 市 市 | | | | | | | | 市 저자 시 |

| 场 | 场 场 场 | | | | | | | | 場 마당 장 |

| 东 | 东 东 东 | | | | | | | | 東 동녘 동 |

| 西 | 西 西 西 | | | | | | | | 西 서녘 서 |

| 知 | 知 知 知 | | | | | | | | 知 알 지 |

| 道 | 道 道 道 | | | | | | | | 道 길 도 |

| 图 | 图 图 图 | | | | | | | | 圖 그림 도 |

馆	馆 馆 馆							館 객사 관
医	医 医 医							醫 의원 의
院	院 院 院							院 담 원
超	超 超 超							超 뛰어넘을 초
级	级 级 级							級 등급 급
颐	颐 颐 颐							頤 턱 이
津	津 津 津							津 나루 진
州	州 州 州							州 고을 주
岛	岛 岛 岛							島 섬 도

제6과 你在哪儿工作?

MEMO

你家有几口人？
nǐ jiā yǒu jǐ kǒu rén

(당신의 식구는 몇 명입니까?)

나이 묻기 / 양사 口 / 총괄을 나타내는 都 / 顿号 / 有와 没有

제 **7** 과

Dialogue

1 식구수와 가족구성원 묻고 대답하기

你家有几口人?
nǐ jiā yǒu jǐ kǒu rén

我家有四口人。
wǒ jiā yǒu sì kǒu rén

你家都有什么人?
nǐ jiā dōu yǒu shénme rén

我家有爸爸、妈妈、哥哥和我。
wǒ jiā yǒu bàba māma gēge hé wǒ

你父母今年多大岁数?
nǐ fùmǔ jīnnián duō dà suìshu

我父亲六十五(岁),我母亲六十一(岁)。
wǒ fùqīn liù shí wǔ suì wǒ mǔqīn liù shí yī suì

② 나이 묻고 대답하기

 你今年多大？
nǐ jīnnián duō dà

 我今年三十三岁。
wǒ jīnnián sān shí sān suì

 你有没有孩子？
nǐ yǒu méiyǒu háizi

 我有两个孩子。一个女儿，一个儿子。
wǒ yǒu liǎngge háizi yíge nǚ'ér yíge érzi

 你的孩子今年几岁？
nǐ de háizi jīnnián jǐ suì

 我女儿今年八岁，儿子今年五岁。
wǒ nǚ'ér jīnnián bā suì érzi jīnnián wǔ suì

女儿上小学，儿子上幼儿园。他们真可爱。
nǚ'ér shàng xiǎoxué érzi shàng yòu'éryuán tāmen zhēn kě'ài

☑ 새로 나온 단어

几 jǐ 📖 몇
父母 fùmǔ 📖 부모
母亲 mǔqin 📖 어머니 어머님
多大 duōdà 📖 몇 살
有 yǒu 📖 있다
孩子 háizi 📖 어린아이
儿子 érzi 📖 남자아이
真 zhēn 📖 정말
上 shàng 📖 (정해진 시간에)활동하다. 진학하다, 다니다.
幼儿园 yòu'éryuán 📖 유치원

口 kǒu 📖 식구수를 나타내는 양사
父亲 fùqin 📖 아버지 아버님
今年 jīnnián 📖 올해
岁数 suìshu 📖 연세
没有 méiyǒu 없다
女儿 nǚ'ér 📖 여자아이
岁 suì 📖 해, 세월 📖 살, 세(나이를 세는 단위)
可爱 kě'ài 📖 귀엽다
小学 xiǎoxué 📖 초등학교

어법 포인트

1. 나이 묻기

나이를 물을 때는 상대방의 연령에 따라 구분해서 질문해야 한다. 나이를 물을 때는 '多大?'라고 하는데 이 때 '多'는 '얼마나', '大'는 '나이가 많다'를 뜻한다. 나이가 많은 연장자에게는 '多大岁数?, 多大年纪?'라고 하는데 '岁数'나 '年纪'는 우리말의 '연세'에 해당한다. 10세 미만의 어린이들에게는 '几岁?'라고 묻는데, 10미만의 숫자를 물을 때 의문대명사 '几'를 사용하기 때문이다. 대답할 때는 '岁'를 붙여서 대답할 수도 있고, 생략하기도 한다.

올해 연세가 어떻게 되십니까?(연령대가 비교적 많은경우)	今年多大岁数(年纪)?
올해 나이가 어떻게 되십니까?(보통연령대)	今年多大?
올해 몇 살이니?(어린아이의 나이를 묻는 경우)	今年几岁?

2. 식구를 나타내는 양사는 '口'

사람을 세는 양사로는 '个, 位'등이 있지만, 식구를 셀 때는 반드시 '口'를 써야 한다.

你家有几口人?	我家有四口人。

3. 총괄의 대상을 나타내는 '都'

앞의 사람이나 사물을 총괄함	
他们都是学生。	我们都很好。
의문대명사에 나타난 사람이나 사물을 총괄함	
你家都有什么人?	

4. 열거를 뜻하는 부호 : '顿号'

我家有爸爸、妈妈、哥哥和我。	밑줄 친 부호를 '顿号'라고 하며 열거할 때 쓴다.

5. '有' 와 '没有'

'有'는 '있다' '가지다'를 뜻한다.

| 我有两个妹妹。 | 我有一本汉语词典。 |

'有'의 부정은 '没有'이며, '不'로 부정할 수 없다. 또한 是의 부정은 '不是'이며 '没'로 부정할 수 없다.

| 你有没有弟弟？ | 你是不是韩国人？ |

한자의 원류 有

갑골문의 '有'자는 '又'로 썼는데, 금문에서는 '肉(육, 고기)'이 더해져서 '손에 (고기를) 가지고 있는 모습'으로 '얻다' '점유하다'는 뜻을 표현했으며, 후에 '존재하다', '발생하다'로 의미가 확대되었다.

갑골문	금문	전국문자	소전	예서	해서
ㄣ	禾	豸	甯	冇	有

제7과 你家有几口人？

1. 다음 물음에 맞는 답을 자신의 실제상황에 맞게 답하시오.

    ❶ 你家有几口人?

    ❷ 你家有什么人?

    ❸ 你今年多大?

2. 다음 번체자의 간체자를 쓰시오.

    ❶ 愛 : _____   ❷ 歲 : _____   ❸ 數 : _____   ❹ 親 : _____

3. 다음 단어를 괄호안에 알맞게 넣으시오.

	méiyǒu	없다
可爱		귀엽다
岁数	suìshu	
孩子		어린아이

4. 다음 단어의 어순을 바르게 배열하시오.

    ❶ 几 你 人 口 有 家   _____

    ❷ 今 多 大 年 你   _____

    ❸ 两 个 子 有 孩 我   _____

    ❹ 家 什么 有 人 你   _____

간체자 쓰기연습

幾 얼마 기
几 | 几 | 几 | 几

父 아비 부
父 | 父 | 父 | 父

母 어미 모
母 | 母 | 母 | 母

今 이제 금
今 | 今 | 今 | 今

年 해 년
年 | 年 | 年 | 年

歲 해 세
岁 | 岁 | 岁 | 岁

數 셈 수
数 | 数 | 数 | 数

親 친할 친
亲 | 亲 | 亲 | 亲

有 있을 유
有 | 有 | 有 | 有

제7과 你家有几口人?

간체자 쓰기연습

孩 어린아이 해
孩 | 孩 | 孩 | 孩

兒 아이 아
儿 | 儿 | 儿 | 儿

眞 참 진
真 | 真 | 真 | 真

幼 어릴 유
幼 | 幼 | 幼 | 幼

园 동산 원
园 | 园 | 园 | 园

小 작을 소
小 | 小 | 小 | 小

今天几月几号?
jīntiān jǐ yuè jǐ hào

(오늘은 몇 월 며칠입니까?)

명사술어문 / 날짜 표현 / 시간사 / 선택의문문 还是 / 중국어에서 띠를 묻는 경우 你属什么? / 是-的 강조구문

제 **8** 과

Dialogue

1 今天几月几号？
　　jīntiān jǐ yuè jǐ hào

　　今天七月十四号。
　　jīntiān qī yuè shí sì hào

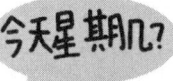

교체연습

明天，七月十五号。
míngtiān qī yuè shí wǔ hào

前天，七月十二号。
qiántiān qī yuè shí'èr hào

后天，七月十六号。
hòutiān qī yuè shí liù hào

大前天，七月十一号。
dàqiántiān qī yuè shí yī hào

大后天，七月十七号。
dàhòutiān qī yuè shí qī hào

2   今天星期几？
　　jīntiān xīngqī jǐ

 今天星期三。
　　jīntiān xīngqī sān

 这个星期六(是)六月十一号。
　　zhège xīngqīliù shì liù yuè shí yī hào

 下个星期三(是)几月几号？
　　xiàge xīngqīsān shì jǐ yuè jǐ hào

 六月十五号。
　　liù yuè shí wǔ hào

 这个礼拜四(是)九月二十一号。
　　zhège lǐbàisì shì jiǔ yuè èr shí yī hào

上个礼拜四(是)几月几号？
shàngge lǐbàisì shì jǐ yuè jǐ hào

 上个礼拜四(是)九月十四号。
　　shàngge lǐbàisì shì jiǔ yuè shí sì hào

3

你是哪年出生的?
nǐ shì nǎ nián chū shēng de

我是1990年出生的。
wǒ shì yījiǔjiǔlíng nián chū shēng de

你是属什么的?猴、鸡还是羊?
nǐ shì shǔ shén me de hóu jī hái shi yáng

我是属马的。
wǒ shì shǔ mǎ de

你的生日是几月几号?
nǐ de shēng rì shì jǐ yuè jǐ hào

我的生日是12月25号。
wǒ de shēng rì shì shí'èr yuè èrshíwǔ hào

阳历还是阴历?
yáng lì hái shi yīn lì

阳历12月25号。那天是圣诞节。
yáng lì shí'èr yuè èrshíwǔ hào nà tiān shì shèngdànjié

✓ 새로 나온 **단어**

月 yuè 명 월, 달	号(日) hào(rì) 명 일, 날짜
今天 jīntiān 명 오늘	明天 míngtiān 명 내일
前天 qiántiān 명 그저께	后天 hòutiān 명 모레
大后天 dàhòutiān 명 글피	大前天 dàqiántiān 명 그끄저께
星期一 xīngqīyī 명 월요일	星期二 xīngqī'èr 명 화요일
星期三 xīngqīsān 명 수요일	星期四 xīngqīsì 명 목요일
星期五 xīngqīwǔ 명 금요일	星期六 xīngqīliù 명 토요일
星期日(天) xīngqīrì(tiān) 명 일요일	上星期 shàngxīngqī 명 저번주
下星期 xiàxīngqī 명 다음주	这星期 zhèxīngqī 명 이번주
礼拜 lǐbài 명 요일 구어(口语, 회화체)에서 많이 쓰임.	生日 shēngrì 명 생일
出生 chūshēng 명 출생 동 출생하다.	属 shǔ 동 (십이지의) ....띠이다.
阳历 yánglì 명 양력	阴(农)历 yīn(nóng)lì 명 음력
马 mǎ 명 말	猴 hóu 명 원숭이
鸡 jī 명 닭	羊 yáng 명 양
还是 háishi 접 또는, 아니면 부 아직도, 여전히	那天 nàtiān 대 그날
圣诞节 shèngdànjié 명 성탄절 크리스마스	

어법 포인트

1. 명사술어문

명사·명사구 혹은 수량사가 서술어인 문장을 '명사술어문'이라 하는데, 서술어는 '시간, 나이, 수량' 등에 대해 설명한다. '명사술어문'을 부정할 때는 '不' 뒤에 '是'를 써야 한다.

명사술어문	
긍정형	부정형
今天三月一号。	今天不是三月一号。
现在三点。	现在不是三点。
他今年二十岁。	他今年不是二十岁。
这件衣服十块钱。	这件衣服不是十块钱。

2. 날짜

연도는 숫자를 하나하나 읽는다.

1998년 1월 20일	一九九八年 一月 二十号
2007년 12월 30일	二零零七年 十二月 三十号

3. 시간을 나타내는 명사 : 시간사

星期一	星期二	星期三	星期四	星期五	星期六	星期天(日)
xīngqīyī	xīngqī'èr	xīngqīsān	xīngqīsì	xīngqīwǔ	xīngqīliù	xīngqīrì (tiān)
월요일	화요일	수요일	목요일	금요일	토요일	일요일

早上	上午	中午	下午	晚上
zǎoshang	shàngwǔ	zhōngwǔ	xiàwǔ	wǎnshang
아침	오전	점심	오후	저녁

上星期	这星期	下星期
shàng xīngqī	zhè xīngqī	xià xīngqī
지난 주	이번 주	다음 주

上个月	这个月	下个月
shàngge yuè	zhège yuè	xiàge yuè
지난 달	이번 달	다음 달

大前天	前天	昨天	今天	明天	后天	大后天
dàqiántiān	qiántiān	zuótiān	jīntiān	míngtiān	hòutiān	dàhòutiān
그그제	그제	어제	오늘	내일	모레	글피

前年	去年	今年	明年	后年
qiánnián	qùnián	jīnnián	míngnián	hòunián
재작년	작년	올해	내년	내후년

4 선택의문문 还是

선택의문문은 A아니면 B처럼 둘 중 하나를 선택하는 의문문을 말한다.
둘 중 하나를 물으면 둘 중 하나를 선택하여 대답하면 된다.

예를 들면

질문	猴、鸡还是羊?	阳历还是阴(农)历?
대답	羊	阴(农)历

중국어 의문문을 모두 정리하면 다음과 같다.

일반의문문	정반의문문	특지의문문 (의문사를 자체내에 포함하고 있는 의문문)	선택의문문
你买吗?	你买不买?	你买什么?	你买还是不买?
你吃吗?	你吃不吃?	你吃什么?	你吃还是不吃?

第8과 今天几月几号? **117**

어법 포인트

5. 중국어에서 띠를 묻는 경우

우리말의 띠를 중국어로 属相 혹은 12生肖라고 한다.

기본적으로 정식으로 물을 때는 你是什么属相? 你是属什么的? 라고 하여, '是, 的' 강조구문으로 표현하고, 대답도 정식으로 '我是属马的。' 라고 대답한다.

하지만 회화체에서는 간단하게 '你属什么?' '我属马'로 간단하게 대답한다.

중국어 12生肖(shí'èr shēngxiào)는 다음과 같다.

子zǐ 鼠shǔ	丑chǒu 牛niú	寅yín 虎hǔ	卯mǎo 兔tù	辰chén 龙lóng	巳sì 蛇shé
쥐	소	호랑이	토끼	용	뱀
午wǔ 马mǎ	未wèi 羊yáng	申shēn 猴hóu	酉yǒu 鸡jī	戌xū 狗gǒu	亥hài 猪zhū
말	양	원숭이	닭	개	돼지

6. '是- 的' 강조구문

중국어에서 '是- 的'는 강조구문으로 '是- 的' 사이에 강조하고자 하는 '장소, 시간, 일'등을 넣어 강조한다.

你是哪年出生的?	你是属什么的?
我是1990年出生的。	我是属马的。

한자의 원류 宿

'숙(宿)'자의 본뜻은 '숙박하다', '묵다'이다. 방안에 한 사람이 대나무 자리를 깔고 잠을 자는 모양이다. '百'자의 이런 자형에서 대나무 문양을 명확하게 볼 수가 있는데, 이는 후에 서사의 편리함을 위해서 百(백)자로 바뀐 것이다.

갑골문	금문	전국문자	소전	예서	해서
㝛	㝛	㝛	宿	宿	宿

연습문제

1. 지금 현재 년도와 월일 시간과 요일을 말해보시오.

   _____

2. 다음 괄호 안에 알맞은 단어를 쓰시오.

	去年		明年	
qiánnián		jīnnián		hòunián

3. 다음 문장을 써보세요.

   ❶ 오늘은 몇 월 몇 일입니까?

   　　한어병음 : _____. 　한자 : _____.

   ❷ 6월 20일은 수요일입니다.

   　　한어병음 : _____. 　한자 : _____.

   ❸ 엊그제는 무슨 요일입니까?

   　　한어병음 : _____. 　한자 : _____.

   ❹ 내일모레는 5월 25일이죠?

   　　한어병음 : _____. 　한자 : _____.

4. 다음 년도를 읽어보세요.

   ❶ 2002년 : _____　❷ 1997년 : _____　❸ 1965년 : _____

5. 다음 괄호안에 알맞은 한자나 한어병음 및 성조를 쓰시오.

		昨天	今天	明天		大后天
dàqiántiān	qiántiān	zuótiān			hòutiān	

6. 본인이 태어난 해와 생년월일 및 무슨 띠인지 말해 보세요

   _____

제8과 今天几月几号?

간체자 쓰기연습

号	号 号 号	號 부르짖을 호
月	月 月 月	月 달 월
前	前 前 前	前 앞 전
后	后 后 后	後 뒤 후
星	星 星 星	星 별 성
期	期 期 期	期 기약할 기
下	下 下 下	下 아래 하
礼	礼 礼 礼	禮 예 례
拜	拜 拜 拜	拜 절 배

간체자 쓰기연습

| 还 | 还 还 还 | | | | | | | 還 다시 환 |

| 圣 | 圣 圣 圣 | | | | | | | 聖 성스러울 성 |

| 诞 | 诞 诞 诞 | | | | | | | 誕 날 탄 |

| 节 | 节 节 节 | | | | | | | 節 마디 절 |

| 阴 | 阴 阴 阴 | | | | | | | 陰 응달 음 |

现在几点? (지금 몇 시입니까?)
xiànzài jǐ diǎn

시간 표현 / 左右 / 연동문 / '从~ 到~' ~에서부터 ~까지 / 사역동사 '让'

제 9 과

Dialogue

1
- 现在几点？
  xiànzài jǐ diǎn
- 现在下午两点二十五分。
  xiànzài xiàwǔ liǎng diǎn èr shí wǔ fēn
- 你早上几点起床？
  nǐ zǎoshang jǐ diǎn qǐchuáng
- 早上七点起床。
  zǎoshang qī diǎn qǐchuáng
- 从几点到几点上课？
  cóng jǐ diǎn dào jǐ diǎn shàngkè
- 我从上午八点到十二点上课。
  wǒ cóng shàngwǔ bā diǎn dào shí'èr diǎn shàngkè
- 几点吃午饭？
  jǐ diǎn chī wǔfàn
- 我一般中午十二点半吃午饭。
  wǒ yìbān zhōngwǔ shí'èr diǎn bàn chī wǔfàn
- 下午你做什么？
  xiàwǔ nǐ zuò shénme
- 下午我有时候上课，有时候去图书馆看书。
  xiàwǔ wǒ yǒushíhou shàngkè yǒushíhou qù túshūguǎn kàn shū
- 你晚上几点睡觉？
  nǐ wǎnshang jǐ diǎn shuìjiào
- 晚上十一点左右睡觉。
  wǎnshang shí yī diǎn zuǒyòu shuìjiào

2
- 今天我有考试。
  jīntiān wǒ yǒu kǎoshì
- 考试几点开始?
  kǎoshì jǐ diǎn kāishǐ
- 上午八点开始。
  shàngwǔ bā diǎn kāishǐ
- 几点结束？
  jǐ diǎn jiéshù
- 十一点三刻结束。
  shí yī diǎn sān kè jiéshù
- 今天我们一起吃午饭好吗?
  jīntiān wǒmen yìqǐ chī wǔfàn hǎo ma
- 好。
  hǎo
- 咱们在哪儿见面?
  zánmen zài nǎr jiànmiàn
- 咱们在学校门口见面。
  zánmen zài xuéxiào ménkǒu jiànmiàn
- 差十分十二点见面好不好?
  chà shífēn shí'èr diǎn jiànmiàn hǎo bu hǎo
- 好的。
  hǎo de

3 你今天考什么科目？
nǐ jīntiān kǎo shenme kē mù

 汉语口试。
hànyǔ kǒushì

 汉语口试怎么考？
hànyǔ kǒushì zěnme kǎo

老师用汉语问几个问题，让学生用汉语回答问题。
lǎoshī yòng hànyǔ wèn jǐ ge wèntí ràng xuésheng yòng hànyǔ huídá wèntí

难不难？
nán bu nán

很难。
hěn nán

 因为考试的时候我很紧张，所以说话也不太流利。
yīnwèi kǎoshì deshíhou wǒ hěn jǐnzhāng suǒyǐ shuōhuà yě bú tài liúlì

 考试的时候你千万不要紧张。
kǎoshì deshíhou nǐ qiānwàn bú yào jǐnzhāng

 没办法。考试总是让人紧张。
méibànfǎ kǎoshì zǒngshì ràng rén jǐnzhāng

☑ 새로 나온 **단어**

现在 xiànzài 명 현재
分 fēn 양 분
床 chuáng 명 침대
下课 xiàkè 수업을 마치다
午饭 wǔfàn 명 점심밥
看书 kànshū 책을 보다
上午 shàngwǔ 명 오전
考试 kǎoshì 명 시험
结束 jiéshù 동 끝나다
差 chà 형 시간에 미치지 못하다.
咱们 zánmen 대 화자(话者)와 청자(听者)를 모두 포함한 우리
见面 jiànmiàn 동 만나다. 대면하다.
左右 zuǒyòu 명 가량 안팎
科目 kēmù 명 과목, 문제
用 yòng 동 사용하다.
问题 wèntí 명 문제
回答 huídá 동 대답하다. 회답하다.
说话 shuōhuà 동 말하다. 이야기하다.
千万 qiānwàn 부 부디, 제발
没办法 méibànfǎ 방법이 없다.
因为~所以~ yīn wèi - suǒ yǐ 접 -하기 때문에 그래서 -하다.

点 diǎn 양 시
起 qǐ 동 기상
上课 shàngkè 수업하다, 수업받다
一般 yìbān 부 일반적으로
有时候 yǒushíhou 부 어떤 때는
睡觉 shuìjiào 동 잠을 자다
下午 xiàwǔ 명 오후
开始 kāishǐ 동 시작하다
刻 kè 양 15분
一起 yìqǐ 부 같이 더불어 함께
从~到 cóng - dào -에서 -까지
~的时候 deshíhou --할 때
口试 kǒushì 명 회화시험
问 wèn 동 묻다. 질문하다.
让 ràng 동 양보하다. 사양하다. 개 ..로 하여금 ..하게하다.
紧张 jǐnzhāng 형 긴장해 있다. 불안하다.
流利 liúlì (문장, 말따위가)유창하다.
不要 búyào ...하지 마라.
总是 zǒngshì 부 반드시, 꼭

어법 포인트

1 시간

'点'은 '시'를 '分'은 '분'을 뜻한다.

1:00	一点	2:00	两点	12:00	十二点
1:05	一点零五分	2:10	两点十分	3:55	三点五十五分

15분은 '一刻' 혹은 '十五分'이라고도 하며, 45분은 '三刻' 혹은 '四十五分'이라고도 한다. 단, '两刻' '四刻'는 쓰지 않는다.

7:15	七点一刻	8:45	八点三刻 혹은 差一刻九点

30분은 '半' 혹은 '三十分'라고 말한다.

5:30	五点半

2 一点左右

'左右'는 '가량, 쯤'으로 수사 뒤에서 대략의 수를 나타낸다.

三点左右	세시 가량	一米七五左右	일미터 칠십오쯤

3 연동문

서술어에 두 개 혹은 두 개 이상의 동사가 연속적으로 사용되고 그들이 하나의 동일한 주어에 대해 서술하고 있으며, 중간에 쉼표가 없는 문장을 '연동문'이라고 한다.

연동문의 긍정문	
我去图书馆看书。	나는 도서관에 가서 책을 본다.
老师用汉语问几个问题。	선생님은 중국어로 몇 가지 문제를 묻는다.
让学生用汉语回答问题。	학생으로 하여금 중국어로 문제에 대답하도록 한다.

연동문의 부정문	
부정할 때는 앞에 나오는 동사를 부정한다.	
我不去图书馆看书。	나는 도서관에 가서 책을 보지 않는다.

4. '从~ 到~' ~에서부터 ~까지

중국어에서 시간의 시점과 종점은 '从~ 到~'로 표현하다.
'~부터 ~까지' 장소의 기점과 종점도 마찬가지로 표현하다.

기점	종점
从上午八点(오전 여덟시부터)	到十二点(열두시까지)
从江陵(강릉에서)	到首尔(서울까지)

5. 사역동사 '让'

사역동사 '让' 은 '~로 하여금 ~하게 하다' 라는 의미로 사용된다.

让学生用汉语回答问题。	考试总是让人紧张。

한자의 원류 見

'見'은 한 사람이 눈을 크게 뜨고 앞을 내다보는 모양이므로 보다를 뜻한다. 견해 견식등의 의미로 파생되었다. 이밖에 동사 앞에서 피동을 뜻하는 조동사로도 사용된다. 또 '見'은 '現'으로도 읽히는데 이것은 '現'의 본래 글자가 '見'이기 때문이다.

갑골문	금문	전국문자	소전	예서	해서
(甲骨文)	(金文)	(戰國文字)	(小篆)	(隸書)	見

제9과 现在几点? **127**

연습문제

1. 다음 문장을 써보시오.

   ❶ 너는 몇 시에 잠을 자니?
   한어병음 : _____. 한자 : _____.

   ❷ 나는 4시 45분에 수업이 끝난다.
   한어병음 : _____. 한자 : _____.

   ❸ 우리 함께 점심식사를 합시다.
   한어병음 : _____. 한자 : _____.

   ❹ 나는 오전 여덟시에서 열두시까지 수업한다.
   한어병음 : _____. 한자 : _____.

2. 다음 시간을 읽어보시오.

   ❶ 6:00 _____. ❷ 12:45 _____.
   ❸ 2:25 _____. ❹ 7:15 _____.

3. **我去图书馆看书**의 문장을 분석하시오.
   _____

4. 하루일과를 중국어로 표현해 보시오.
   _____
   _____
   _____

5. 다음 단어의 어순을 바르게 배열하시오.

   ❶ 做　下午　你　什么　_____
   ❷ 见面　咱们　学校　在　门口　_____
   ❸ 有时候　书　图书馆　看　去　_____
   ❹ 睡觉　左右　晚上　十一点　_____

간체자 쓰기연습

现	现 现 现	現 나타날 현
点	点 点 点	點 점 점
床	床 床 床	牀 평상 상, 침상 상
般	般 般 般	般 돌 반
课	课 课 课	課 매길 과
时	时 时 时	時 때 시
候	候 候 候	候 물을 후
睡	睡 睡 睡	睡 잠잘 수
觉	觉 觉 觉	覺 깨달을 각

제9과 现在几点?

간체자 쓰기연습

考 상고할 고
考 考 考

試 시험할 시
试 试 试

開 열 개
开 开 开

始 처음 시
始 始 始

刻 새길 각
刻 刻 刻

差 어긋날 차
差 差 差

咱 나 찰
咱 咱 咱

從 좇을 종
从 从 从

到 이를 도
到 到 到

第9과 现在几点？

간체자 쓰기연습

让	讓 사양할 양
回	回 돌 회
答	答 대답할 답
难	難 어려울 난
紧	緊 견고할 긴
张	張 펼 장
话	話 이야기 화
流	流 흐를 유
利	利 이로울 리

| 千 | 千 | 千 | 千 | | | | | | | 千 일천 천 |

| 万 | 万 | 万 | 万 | | | | | | | 萬 일만 만 |

| 办 | 办 | 办 | 办 | | | | | | | 辦 힘쓸 판 |

| 要 | 要 | 要 | 要 | | | | | | | 要 구할 요 |

| 总 | 总 | 总 | 总 | | | | | | | 總 합칠 총 |

| 因 | 因 | 因 | 因 | | | | | | | 因 인할 인 |

| 为 | 为 | 为 | 为 | | | | | | | 爲 할 위 |

| 所 | 所 | 所 | 所 | | | | | | | 所 바 소 |

| 以 | 以 | 以 | 以 | | | | | | | 以 써 이 |

제9과 现在几点?

MEMO

北京站怎么走?
běijīngzhàn zěnme zǒu

(북경역은 어떻게 갑니까?)

多를 이용한 의문문 / 先~然后~ / 还是~吧 / 방향을 나타내는 표현 / 有, 是, 在 용법 / 一~ 就~ 용법

제 **10** 과

Dialogue

1 请问，北京站怎么走？
qǐngwèn běijīngzhàn zěnme zǒu

从这儿一直往前走，
cóng zhèr yìzhí wǎng qián zǒu

到十字路口往左拐。
dào shízì lùkǒu wǎng zuǒ guǎi

离这儿远不远？
lí zhèr yuǎn bu yuǎn

不太远。
bú tài yuǎn

大概走三百米左右就到了。
dàgài zǒu sān bǎi mǐ zuǒyòu jiù dào le

2 北京饭店怎么走？离这儿多远？
běijīng fàndiàn zěnme zǒu lí zhèr duō yuǎn

你先从这儿过马路，然后在马路对面
nǐ xiān cóng zhèr guò mǎlù ránhòu zài mǎlù duìmiàn

坐8路公共汽车坐二十分钟就到了。
zuò bā lù gōnggòng qìchē zuò èrshí fēnzhōng jiù dào le

 高峰时间堵不堵车？
gāofēngshíjiān dǔ bu dǔchē

 当然堵车，高峰时间你还是走着去比较好。
dāngrán dǔchē gāofēngshíjiān nǐ háishi zǒu zhe qù bǐjiào hǎo

 那我们走着去吧。
nà wǒmen zǒu zhe qù ba

③ 请问！从北京站到北京师范大学东门怎么走?
qǐngwèn cóng běijīngzhàn dào běijīngshīfàndàxué dōngmén zěnme zǒu

你先从这儿坐地铁，到积水潭站下车从南边出来，
nǐ xiān cóng zhèr zuò dìtiě dào jīshuǐtánzhàn xiàchē cóng nánbiān chū lái

坐二十二路公共汽车，坐一站就到了。
zuò èr shí èr lù gōnggòng qìchē zuò yí zhàn jiù dào le

北师大里边儿有没有新华书店？
běishīdà lǐbiānr yǒu méi yǒu xīnhuá shūdiàn

当然有。
dāngrán yǒu

你从东门一进去往西边儿走二十米左右，
nǐ cóng dōngmén yí jìn qù wǎng xībiānr zǒu èr shí mǐ zuǒyòu

就有一个眼镜店。
jiù yǒu yí ge yǎnjìngdiàn

眼镜店旁边儿是一个超级市场。
yǎnjìngdiàn pángbiānr shì yí ge chāojí shìchǎng

超级市场对面儿有一个中国银行。
chāojí shìchǎng duì miànr yǒu yí ge zhōngguó yínháng

中国银行东边儿是一个韩国餐厅。
zhōngguó yínháng dōng biānr shì yí ge hánguó cāntīng

新华书店就在韩国餐厅北边儿。
xīnhuá shūdiàn jiù zài hánguó cāntīng běibiānr

☑ 새로 나온 단어

离 lí 〔개〕 ~에서부터 떨어져서
走 zǒu 〔동〕 걷다
往 wǎng 〔개〕 ~를 향해서
左 zuǒ 〔명〕 왼쪽
远 yuǎn 〔형〕 멀다
大概 dàgài 〔부〕 대개
米 mǐ 〔양〕 미터
马路 mǎlù 〔명〕 대로 큰길
对面 duìmiàn 〔명〕 맞은편
坐车 zuòchē 〔동〕 차를 타다
堵车 dǔchē 〔동〕 차가 막히다
当然 dāngrán 〔형〕 당연하다. 물론이다.
地铁 dìtiě 〔명〕 지하철
车站 chēzhàn 〔명〕 정거장 정류소
边 biān 〔명〕 가장자리
上下 shàngxià 〔명〕 위와 아래, 상하
前后 qiánhòu 〔명〕 앞과 뒤
北京站 běijīngzhàn 〔고명〕 북경역
积水潭站 jīshuǐtánzhàn 〔고명〕 적수담역

从~ 到~ cóng~ dào~ 〔개〕 ~에서 ~까지
一直 yìzhí 〔부〕 줄곧
前 qián 〔명〕 앞쪽
拐 guǎi 〔동〕 방향을 바꾸다.
太 tài 〔부〕 너무
汽车 qìchē 〔명〕 자동차
过 guò 〔동〕 건너다
先~ 然后~ xiān~ ránhòu~ 〔부〕 먼저 ~하고 그리고 나서
分钟 fēnzhōng 〔명〕 분
高峰时间 gāofēngshíjiān 〔명〕 러시아워
还是~ 吧 háishi~ ba 〔부〕 ~하는 편이 낫다
坐 zuò 〔동〕 차를 타다
公共汽车 gōnggòngqìchē 〔명〕 버스
东西南北 dōngxīnánběi 동서남북
里外 lǐwài 〔명〕 안과 밖, 안팎
左右 zuǒyòu 〔명〕 좌와 우
北京饭店 běijīngfàndiàn 〔고명〕 북경호텔
北京师范大学 běijīngshīfàndàxué 〔고명〕 북경사범대학

어법 포인트

1. 의문부사 '多'를 이용한 의문문

'多'는 원래 '많다' 라는 형용사로 사용되지만 의문부사로 사용되면 '얼마나' 라는 의미로 사용된다.

나이를 묻는 경우	你今年多大? (나이가 몇 살입니까?)	十九岁。 (19세입니다)
키를 묻는 경우	你多高? (키가 얼마나 됩니까?)	一米六五。 (1미터65센티입니다)
길이 묻는 경우	这条路多长? (이 길은 얼마나 깁니까?)	三公里。 (3킬로미터)
무게를 묻는 경우	三个苹果多重? (사과 세 개 무게는 얼마나 됩니까?)	两斤。 (두근)
너비를 묻는 경우	这条河多宽? (이 강의 너비는 얼마나 됩니까?)	四米左右。 (4미터가량됩니다)
거리를 묻는 경우	离这儿多远? (이곳에서 얼마나 멉니까?)	十五公里。 (15킬로미터입니다)

2. 先 A 然后 B

먼저 A하고 그런 후에 B한다.

我先去书店买书，然后去易买得。	나는 먼저 서점에 간 후에 이마트에 간다.
我先在这儿过马路，然后在马路对面坐八路汽车。	나는 먼저 여기서 길을 건넌 후에 길 맞은편에서 8번 버스를 탄다.

3. 还是 ~ 吧 -하는 편이 낫다

'还是' 는 원래 선택을 나타내는 의문문에 쓰이나 여기에서는 뒤에 어기조사 '吧'를 붙여 비교를 통해 비교적 만족스러운 선택을 했음을 나타낸다.

'역시 --하는 편이 낫다, --하는 것이 좋겠다'를 뜻한다.

高峰时间堵不堵车?	러쉬아워 시간에 차가 막힙니까 안 막힙니까?
高峰时间你还是走着去比较好吧。	러쉬아워 시간에 당신은 걸어서 가는 편이 비교적 좋습니다.

4. 방향을 나타내는 표현

방향을 나타내는 표현은 방향 뒤에 '边'이나 '边儿'을 붙이면 된다. '边儿'을 붙일 때는 앞에 나온 'er화음'에 발음을 붙이듯이 'er'을 붙이는 것이 아니라 'r' 만

중국어 첫걸음

붙이면 된다. 하지만 발음은 'er'로 한다.

东边儿	西边儿	南边儿	北边儿	里边儿	外边儿	上边儿
dōngbiānr	xībiānr	nánbiānr	běibiānr	lǐbiānr	wàibiānr	shàngbiānr
동쪽	서쪽	남쪽	북쪽	안	밖	위
下边儿	左边儿	右边儿	中间儿	旁边儿	前边儿	后边儿
xiàbiānr	zuǒbiānr	yòubiānr	zhōngjiànr	pángbiānr	qiánbiānr	hòubiānr
아래	좌측	우측	중간	옆	앞	뒤

5 '有, 是, 在' 용법

'有'는 '~가지고 있다. 소유하다.'의 의미이다. '是'는 '~은 ~이다.'로 주로 판단문으로 사용되고, '在'는 '~곳에 위치하다'의 의미로 사용된다.

有	-가지고 있다. 소유하다.	超级市场对面儿有一个中国银行。 슈퍼마켓 맞은편에 중국은행이 있습니다.
是	-은 -이다.	眼镜店旁边儿是一个超级市场。 안경점 옆이 슈퍼마켓입니다.
在	-은 곳에 위치하다.	新华书店在韩国餐厅北边儿。 신화서점은 한국음식점 북쪽에 위치하고 있습니다.

6 '一~ 就~' '~하자마자 곧 ~하다'

'一~ 就~' 용법은 '~하자마자 곧 ~하다'의 의미로 동작이 연속적으로 이어지는 것을 말한다.

一进去往西边儿走二十米左右，就有一个眼镜店。
들어가자마자 서쪽으로 20미터정도 가면 바로 안경점이 있습니다.

한자의 원류 高

높을 '高'자는 아주 높은 누각으로 위는 뾰족하고 중간은 성이고 아래에는 하나의 문이 있는 것을 나타낸다. 그래서 뜻이 높다는 것을 나타낸다.

갑골문	금문	전국문자	소전	예서	해서
髙	髙	髙	高	高	高

제10과 北京站怎么走? **139**

연습문제

1. 다음 문장을 써보시오.

   ❶ 북경역은 어떻게 가죠?

   한어병음 : _____. 한자 : _____.

   ❷ 이곳에서 얼마나 멀리있습니까?

   한어병음 : _____. 한자 : _____.

   ❸ 곧장 앞으로 가서 왼쪽으로 꺾으십시오

   한어병음 : _____. 한자 : _____.

   ❹ 러시아워시간에 차가 막히죠?

   한어병음 : _____. 한자 : _____.

2. 다음 번체자를 간체자로 쓰시오.

   ❶ 還 : _____ ❷ 鍾 : _____ ❸ 馬 : _____ ❹ 過 : _____

3. 다음 빈칸에 알맞은 단어를 넣으시오.

	dàgài	대개
高峰时间		러시아워
	zěnmezǒu	어떻게 가죠?
一直	yìzhí	

4. 다음 문장의 어순을 바르게 쓰시오.

   ❶ 这儿 远 离 不远   _____

   ❷ 好 走路 你 还是 比较   _____

   ❸ 前 一直 往 从 这儿 走   _____

   ❹ 北京站 走 请问 怎么   _____

간체자 쓰기연습

| 走 달릴 주 |
| 走 | 走 走 走 |

| 直 곧을 직 |
| 直 | 直 直 直 |

| 往 갈 왕 |
| 往 | 往 往 往 |

| 坐 앉을 좌 |
| 坐 | 坐 坐 坐 |

| 拐 속일 괴 |
| 拐 | 拐 拐 拐 |

| 遠 멀 원 |
| 远 | 远 远 远 |

| 槪 평미레 개 |
| 概 | 概 概 概 |

| 汽 김 기 |
| 汽 | 汽 汽 汽 |

| 過 허물 과 |
| 过 | 过 过 过 |

제10과 北京站怎么走?

간체자 쓰기연습

路	路 길 로
先	先 먼저 선
然	然 그러할 연
钟	鍾 쇠북 종
高	高 높을 고
峰	峯 봉우리 봉
间	間 사이 간
堵	堵 담 도
站	站 우두커니설 참

师	師 스승 사
范	範 법 범
地	地 땅 지
铁	鐵 쇠 철
积	積 쌓을 적
潭	潭 깊을 담
共	共 함께 공
东	東 동녘 동
南	南 남녘 남

간체자 쓰기연습

边 边 边 边 — 邊 가 변

里 里 里 里 — 裏 안 리

外 外 外 外 — 外 바깥 외

当 当 当 当 — 當 당할 당

然 然 然 然 — 然 그럴 연

你要点什么菜?
nǐ yào diǎn shénme cài

(당신은 어떤 음식을 시키시려구요?)

来의 확대용법 / 겸어문 / 有点儿과 一点儿

제 11 과

145

Dialogue

1

小姐，给我们菜单。
xiǎojie gěi wǒmen càidān

这是菜单，你们要点什么菜？
zhè shi càidān nǐ men yào diǎn shénme cài

来一个糖醋肉，一份儿京酱肉丝。
lái yíge tángcùròu yifènr jīngjiàngròusī

主食呢？
zhǔshi ne

我们要扬州炒饭。
wǒmen yào yángzhōuchǎofàn

要什么汤？
yào shénmetāng

鸡蛋汤。
jīdàntāng

饮料呢？
yǐnliào ne

来一瓶啤酒。
lái yì píng píjiǔ

要什么牌子的？
yào shénme páizi de

青岛啤酒。
qīngdǎopíjiǔ

○○○○○○○

小姐结帐。
xiǎojie jiézhàng

先生，一共八十五块钱。
xiānsheng yígòng bā shí wǔ kuài qián

您这是一百块钱，找您十五块钱。
nín zhè shì yìbǎi kuài qián zhǎo nín shí wǔ kuài qián

欢迎再来。
huānyíng zài lái

再见。
zàijiàn

2

今天我来请客，咱们吃什么菜？
jīntiān wǒ lái qǐngkè zánmen chī shénmecài

你觉得韩国菜怎么样？
nǐ juéde hánguócài zěnmeyàng

我觉得韩国菜有点儿辣。
wǒ juéde hánguócài yǒudiǎnr là

泡菜比较辣，烤肉一点儿也不辣。
pàocài bǐjiào là kǎoròu yìdiǎnr yě bú là

如果你不喜欢吃辣的，那你吃烤肉吧。
rúguǒ nǐ bù xǐhuan chī là de nà nǐ chī kǎoròu ba

好的。不过我是四川人，能吃辣的。
hǎode bùguò wǒ shì sìchuānrén néng chī là de

那太好了!
nà tài hǎo le

今天你请我吃韩国菜，以后我请你吃四川菜吧。
jīntiān nǐ qǐng wǒ chī hánguócài yǐ hòu wǒ qǐng nǐ chī sìchuāncài ba

3 中国菜是中国文化的重要部分，很重视 色、香、味。
zhōngguócài shì zhōngguó wénhuà de zhòngyào bùfen hěn zhòngshì sè xiāng wèi

中国菜主要分为八大菜系。
zhōngguócài zhǔyào fēn wéi bā dà càixì

鲁菜、川菜、粤菜、淮扬菜、闽菜、浙菜、湘菜、徽菜。
lǔcài chuāncài yuècài huáiyángcài mǐncài zhècài xiāngcài huīcài

按照地区分布有东辣、西酸、南甜、北咸的说法。
ànzhào dì qū fēnbù yǒu dōng là xīsuān nántián běixián de shuō fa

有些中国菜的材料很特别。比如燕窝、鱼翅、熊掌、猴脑等。
yǒuxiē zhōngguócài de cáiliào hěn tè bié bǐ rú yànwō yúchì xióngzhǎng hóunǎo děng

可是这些材料跟动物保护有关，所以不容易做。
kě shi zhè xiē cái liào gēn dòng wù bǎo hù yǒuguān suǒ yǐ bù róngyì zuò

☑ 새로 나온 **단어**

要 yào 조동 ~하고 싶다 ~하려고 한다	小姐 xiǎojie 명 아가씨
给 gěi 개 ~에게 동 ~에게 주다	菜单 càidān 명 메뉴판
点菜 diǎncài 동 음식을 시키다	主食 zhǔshí 명 주식
炒饭 chǎofàn 명 볶음밥	扬州炒饭 yángzhōuchǎofàn 명 양주 볶음밥
鸡蛋汤 jīdàntāng 명 달걀국	牌子 páizi 명 상표
青岛啤酒 qīngdǎopíjiǔ 고명 청도맥주	结帐 jiézhàng 동 계산하다
欢迎 huānyíng 동 환영하다	泡菜 pàocài 명 김치
烤肉 kǎoròu 명 불고기	又~ 又~ yòu~ yòu~ ~하기도 하고 ~하기도하다
好吃 hǎochī 형 맛있다	便宜 piányi 형 싸다
辣 là 형 맵다	不过 búguò 접 그러나
有点儿 yǒudiǎnr 부 조금, 약간	一点儿 yìdiǎnr 수량 조금
喜欢 xǐhuan 동 좋아하다.	文化 wénhuà 명 문화
重要部分 zhòngyàobùfēn 중요한 부분	重视 zhòngshì 명 중시 동 중시하다
色、香、味 sè, xiāng, wèi, 색, 향, 맛	主要 zhǔyào 형 주요하다. 부사 주로 대부분
菜系 cài xì 명 (각 지방의)요리방식, 맛등의 계통	特别 tèbié 형 특별하다. 특이하다. 별다르다.
酸、甜、咸 suān, tián, xián 신맛, 단맛, 짠맛	材料 cáiliào 명 재료
动物保护 dòngwùbǎohù 명 동물보호	有关 yǒuguān 명 관계가 있다.
不容易 bù róng yì 쉽지 않다	分布 fēnbù 동 분포하다.
燕窝 yànwō 명 제비집(제비가 해조류를 침으로 다져 만든 것으로 중국요리의 고급재료)	
鱼翅 yúchì 명 상어지느러미 = 鲨翅	熊掌 xióngzhǎng 명 곰발바닥
猴脑 hóunǎo 명 원숭이 골	鲁菜 lǔcài 산동(山东)요리
川菜 chuāncài 사천(四川)요리	粤菜 yuècài 광동(广东)요리
淮扬菜 huáiyángcài 강소(江苏)요리가 주된 요리	说法 shuōfa 명 의견 견해
闽菜 mǐncài 복주(福州)요리 위주의 闽요리	浙菜 zhècài 절강(浙江)요리
湘菜 xiāngcài 호남(湖南)요리	徽菜 huīcài 안휘(安徽)요리

어법 포인트

중국어 첫걸음

1. 주동적 의미의 来 : '我来请客'

'我来请客'의 '来'는 '오다'라는 의미로 쓰인 것이 아니라, 다른 동사의 앞에서 어떤 일을 하려고 하는 것을 나타낸다. '来'가 없어도 뜻의 변화는 없다.

| 我来说两句。 | 我来做。 | 我来接待客人。 |

2. 겸어문

술어가 두개의 동사구조로 되어있고, 첫째 동사의 목적어가 둘째 동사의 주어인 문장을 겸어문이라고 한다. '兼语(겸어)'란 두 개의 문장성분을 겸하고 있다는 말이다.

| 你请我吃韩国菜。 | '我'는 '请'의 목적어이자 '吃'의 주어이다. |
| 我请你吃四川菜。 | '你'는 '请'의 목적어이자 '吃'의 주어이다. |

3. '有点儿'과 '一点儿'

'一点儿'은 양사이며, '약간' '조금'을 뜻하는데 주로 명사를 수식한다.

| 我想喝一点儿啤酒。 | 韩国菜一点儿也不辣。 |

'一点儿'은 형용사 뒤에서 보어로 쓰이며 정도가 경미한 것을 나타내고, 기준치 또는 생각한 것과 비교의 의미를 내포하고 있다. '一'은 생략이 가능하다.

| 有没有短一点儿的? | 能不能便宜点儿? |

'有一点儿'은 부사이며, '약간' '조금'을 뜻하는데 주로 동사 또는 형용사를 수식한다. 불쾌하거나 요구에 못 미친다는 불만족의 의미로 많이 쓰인다. '一'은 생략이 가능하다.

| 有点儿辣。 | 小李有点儿不高兴。 |

한자의 원류 得

'得'의 자형은 한손에 조개를 들고 있는 모습으로 조개는 고대에 화폐의 하나였으므로 귀중한 물건을 표시한다. 그러므로 '얻다' '획득하다'라는 의미로 사용이 되었다.

갑골문	금문	전국문자	소전	예서	해서
得	得	得	得	得	得

연습문제

1. 중국 사람의 습관에 맞게 음식을 시키시오.

_____

2. 다음 번체자를 간체자로 쓰시오.

❶ 鷄 : _____ ❷ 湯 : _____ ❸ 點 : _____ ❹ 覺 : _____

3. 다음 빈칸에 알맞은 단어를 넣으시오.

牌子	páizi	
结帐		계산하다
	yǒudiǎnr	좀, 조금
泡菜	pàocài	

4. 다음 문장의 어순을 바르게 쓰시오.

❶ 给 菜单 我们 小姐 _____

❷ 菜 怎么样 韩国 觉得 你 _____

❸ 请 来 今天 我 客 _____

❹ 觉得 辣 我 有点儿 韩国菜 _____

第11课 你要点什么菜?

간체자 쓰기연습

單 홑단
单 单 单 单

菜 나물채
菜 菜 菜 菜

主 주인주
主 主 主 主

炒 볶을초
炒 炒 炒 炒

揚 오를양
扬 扬 扬 扬

州 고을주
州 州 州 州

蛋 알단
蛋 蛋 蛋 蛋

牌 패패
牌 牌 牌 牌

文 글월문
文 文 文 文

化	化할 화
重	무거울 중
部	거느릴 부
色	빛 색
香	향기 향
味	맛 미
特	수컷 특
別	나눌 별
甜	달 첨

第11课 你要点什么菜？

간체자 쓰기연습

咸 다 함
咸 咸 咸

材 재목 재
材 材 材

料 되질할 료
料 料 料

保 지킬 보
保 保 保

護 기킬 호
护 护 护

動 움직일 동
动 动 动

物 물건 물
物 物 物

容 얼굴 용
容 容 容

易 쉬울 이, 바꿀 역
易 易 易

燕	燕 제비 연
窝	窝 움집 와
鱼	鱼 고기 어
翅	翅 날개 시
熊	熊 곰 웅
掌	掌 손바닥 장
鲁	鲁 나라이름 노
粤	粤 어조사 월
淮	淮 강이름 회

제11과 你要点什么菜? 153

간체자 쓰기연습

扬 오를 양

闽 종족이름 민

浙 강이름 절

湘 강이름 상

徽 아름다울 휘

你会说汉语吗?
nǐ huì shuō hànyǔ ma

(당신은 중국어를 할 수 있습니까?)

조동사 / ~是~, 不过~ / 이중목적어 동사술어문 / 동사의 중첩 / 除了 A 以外 还~

제 **12** 과

Dialogue

1 ➡ 능원동사 '会'

 你会说英语吗？
nǐ huì shuō yīngyǔ ma

 我会说英语，除了说英语以外，还会说汉语。
wǒ huì shuō yīngyǔ   chú le shuō yīngyǔ yǐ wài   hái huì shuō hànyǔ

 我真羡慕你。学外语难不难？
wǒ zhēn xiànmù nǐ   xué wàiyǔ nán bu nán

 学外语难是难，不过很有意思。
xué wàiyǔ nán shì nán   bu guò hěn yǒuyìsi

2 ➡ 능원동사 '能, 可以, 想'

 小王你能跟中国人谈话吗？
xiǎowáng nǐ néng gēn zhōngguórén tánhuà ma

 我能跟中国人谈话。
wǒ néng gēn zhōngguórén tánhuà

 那你可不可以教我汉语？
nà nǐ kě bu kěyǐ jiāo wǒ hànyǔ

 你想学习汉语吗？
nǐ xiǎng xuéxí hànyǔ ma

 我很想学习汉语。
wǒ hěn xiǎng xuéxí hànyǔ

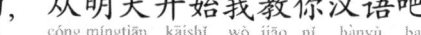 好的，从明天开始我教你汉语吧。
hǎo de   cóng míngtiān kāishǐ wǒ jiāo nǐ hànyǔ ba

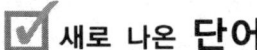 새로 나온 **단어**

会 huì [조동] ~할 수 있다
可以 kěyǐ [조동] ~할 수 있다. (가능, 능력) ~해도 좋다.(허가)
能 néng [조동] ~할 수 있다. 가능을 나타냄
跟 gēn [접] ~와
难 nán [형] 어렵다
裤子 kùzi [명] 바지
好看 hǎokàn [동] 보기 좋다
短 duǎn [형] 짧은
只 zhǐ [부] 단지 다만

想 xiǎng [동] 생각하다
  [조동] ~하고 싶어하다
有意思 yǒuyìsi [동] 재미있다
谈话 tánhuà [동] 말하다
条 tiáo [양] 가느다랗고 긴것의 양사
真 zhēn [부] 정말
长 cháng [형] 길다
比 bǐ [개] ~에 비해서
那 nà [접] 그러면

小姐，那条裤子给我看一看，
xiǎojie　nà tiáo kùzi gěi wǒ kàn yī kàn
颜色很好看，样子也不错。我可以试试吗?
yánsè hěn hǎokàn　yàngzi yě bú cuò　wǒ kěyǐ shì shi ma

 当然可以。
dāngrán　kěyǐ

 这条裤子太长了，有没有短一点儿的?
zhè tiáo kùzi tài cháng le　yǒu méi yǒu duǎn yìdiǎnr de

 那您试试这条吧。
nà nín shì shi zhè tiáo ba

 好，这条很适合我。
hǎo　zhè tiáo hěn shìhé wǒ
这条裤子多少钱?
zhè tiáo kùzi duōshaoqián

 一百二十八块钱。
yì bǎi èr shí bā kuài qián

 一百二十八块? 太贵了，能不能便宜一点儿?
yì bǎi èr shí bā kuài　tài guì le　néng bù néng piányi yìdiǎnr

 对不起，我们这儿不讲价的。
duìbuqǐ　wǒmen zhèr bu jiǎngjià de

 那我给您一百五十块钱。
nà wǒ gěi nín yì bǎi wǔ shí kuài qián

 找您二十二块钱。
zhǎo nín èr shí èr kuài qián

 这儿还有裙子吗?
zhèr hái yǒu qúnzi ma

 对不起，我们这儿除了裤子以外没有别的。
duìbuqǐ　wǒmen zhèr chúle kùzi yǐ wài méi yǒu bié de
欢迎再来。
huān yíng zài lái

✓ 새로 나온 단어

羡慕 xiànmù 동 부러워하다. 흠모하다.
外语 wàiyǔ 명 외국어
裤子 kùzi 명 바지
适合 shìhé 동 적합하다. 알맞다.
讲价 jiǎngjià 동 값을 흥정하다
颜色 yánsè 명 색채, 색.

除了 A 以外 chúle A yǐwài A 이외에 또
开始 kāishǐ 동 동사 시작(하다)
一点儿 yìdiǎnr 수량사 조금
便宜 piányi 형 값이 싸다. 헐하다.
样子 yàngzi 명 모양, 꼴, 형태.
裙子 qúnzi 명 치마

어법 포인트

1 조동사

동사 앞에 위치하며, 희망, 필요, 가능 등을 나타내며 '능원동사(能愿动词)' 혹은 '조동사(助动词)라고도 한다.

'想, 要, 会, 能, 可以, 应该' 등이 있으며, 대부분 不로 부정한다.

긍정문	我会说汉语。
부정문	他不会说汉语。
일반의문문	你会说汉语吗?
정반의문문	你会不会说汉语?

1) 想 : 희망이나 계획을 나타낸다.

능원동사 : 想	你想学习汉语吗?
부정형은 앞에 **不**를 더하면 된다	我不想学习汉语。

2) 要 : 희망이나 의지를 나타낸다.

능원동사 : 要	我要去中国旅行。
단. 부정형은 要 대신 **不想**을 써야 한다	我不想去中国旅行。
필요의 의미 : '~할 필요가 있다'고 해석	这个问题要回答吗?
부정형은 要 대신 **不用**을 써야 한다.	这个问题不用回答。

3) 会 : 학습을 통해서 어떤 기능에 숙달하거나 정통하게 되었음을 표시한다.

능원동사 : 会	你会说汉语吗? 我会说汉语。
부정형은 앞에 **不**를 더하면 된다.	我不会说汉语。
어떤 상황이 출현할 가능성이 있음	下雨了，他会来吗?
부정형은 앞에 **不**를 붙이면 된다.	这么晚了，他不会来了。

4) 能 : '能'은 어떤 능력이 있어서 ' -할 수 있음'을 나타낸다.

능원동사 : 能	我能跟中国人谈话。
부정형은 能앞에 **不** 붙이면 된다.	我不能跟中国人谈话。

5) 可以 : 어떤 능력이 있어서 '할 수 있거나' 혹은 '할 수 있도록 허가를 구하는 것'을 나타낸다. 앞에 '不'를 붙이면 '할 수 없거나' '해서는 안 된다'는 강한 금지를 나타낸다.

능원동사 : 可以	我可以翻译这篇文章。(능력)
허가를 나타내기도 한다.	我可以试试吗? 图书馆里可以抽烟吗?
부정형은 앞에 不를 쓰면 된다.	我不可以翻译这篇文章。 (번역 할 수 없다)
부정형을 쓸 경우 강한 금지를 나타내기도 한다.	不可以试试。(강한금지) 图书馆里不可以抽烟。(강한금지)

6) 应该 : '应该'는 '마땅히 -해야만 한다'는 당위성을 나타낸다.
부정형은 '应该'앞에 '不'를 붙여 '마땅히 -해서는 안된다'는 강한 금지를 나타낸다.

당위성을 나타내는 조동사: 应该	你应该早点儿出发。
부정형은 应该앞에 不를 쓰면 된다.	你不应该做这样的事情。

7) 能과 会 : '能'과 '会' 모두 '-할수 있다'라는 능력을 표시한다. 그러나 '能'은 원래 타고난 선천적인 능력을 나타내고 '会'는 -못하는 것을 배워서 할 수 있는 후천전인 능력을 나타낸다.

능원동사 能과 会	
你会游泳吗?	我会游泳,能游五百米。
你会说日语吗?	我会说日语,能跟日本人谈话。

2 **A是 A, 不过B**

A 하긴 A한데 그러나 B하다. B에는 A와 상반되는 의견이 나온다.

学外语难是难, 不过很有意思。
这件衣服好看是好看, 不过价钱太贵。

第12과 你会说汉语吗? **159**

어법 포인트

중국어 첫걸음

3. 이중목적어 동사술어문

일부 동사는 두 개의 목적어를 가지는데, 앞에는 주로 사람을 가리키는 간접목적어가 오고 뒤에는 사물을 가리키는 직접목적어가 온다. 이중목적어를 갖는 동사로는 '教, 还, 问, 告诉, 借, 送, 给'등이 있다.

他教我们汉语。	그가 우리에게 중국어를 가르쳐 주신다.
他问我几个问题。	그는 나에게 몇 가지 문제를 물었다.
他告诉我一件事情。	그는 나에게 한 가지 일을 말했다
我借给他十块钱。	나는 그에게 10원을 빌려 주었다.
妹妹送我一件礼物。	여동생은 나에게 선물을 했다.
小姐给我菜单。	아가씨가 나에게 메뉴판을 주었다.

4. 동사의 중첩

중국어에서 동사는 중첩이 가능하다. 동작 행위를 나타내는 동사를 중첩하면 "좀--해보다. 혹은 시험삼아 --해보다"라고 한다.

형식은 단음절을 중첩해서 하거나 A―A의 형식을 취한다.

看(一)看	试(一)试
한 번 보다.	한 번 시도해 보다.

5. 除了 A 以外 还

除了 A 以外는 접속사로써 A를 제외하는 경우도 있고, 포함하는 경우도 있으므로 용법에 주의해야 한다.

除了说英语以外，还会说汉语。	영어를 제외하고 또 중국어를 한다. (영어와 중국어를 모두 포함 한다는 뜻)
除了裤子以外没有别的。	바지이외에 다른 것은 없다. (배제)

한자의 원류 長

'길다' '우두머리'를 뜻하는 '長'자는 머리가 긴 사람의 형상을 본떠서 만들었는데, 후에 서사의 편리를 위해 사람의 머리카락 부분을 짧은 횡으로 표시했다. '길다'에서 '우두머리'라는 뜻이 파생되었다.

갑골문	금문	전국문자	소전	예서	해서
長	長	長	長	長	長

연습문제

1. 다음 문장을 써보시오.

❶ 나는 중국어를 배우고 싶습니다.

한어병음 : _____. 한자 : _____.

❷ 이 치마는 좀 길어요. 좀 짧은 치마는 없습니까?

한어병음 : _____. 한자 : _____.

❸ 중국어는 어렵긴 어렵지만 재미있습니다.

한어병음 : _____. 한자 : _____.

❹ 저는 영어는 못하고 중국어는 할 수 있습니다.

한어병음 : _____. 한자 : _____.

2. 다음 빈칸에 알맞은 한어병음과 성조 및 뜻을 쓰시오.

裙子	qúnzi	
谈话		말하다
可以		-할 수 있다
	yǒuyìsi	재미있다

3. 다음 번체자를 간체자로 쓰시오.

❶ 談 : _____ ❷ 會 : _____ ❸ 長 : _____

4. 다음 문장의 어순을 바르게 쓰시오.

❶ 中国人 我 谈话 能 跟　　_____

❷ 好看 真 那 裙子 条　　_____

❸ 这 比 有 条 没有 一点儿的 短　　_____

❹ 很 难 是 不过 意思 有 难　　_____

第12课 你会说汉语吗?

간체자 쓰기연습

| 会 | 会 会 会 | | | | | | | | 會 모일 회 |

| 想 | 想 想 想 | | | | | | | | 想 생각할 상 |

| 能 | 能 能 能 | | | | | | | | 能 능할 능 |

| 意 | 意 意 意 | | | | | | | | 意 뜻 의 |

| 思 | 思 思 思 | | | | | | | | 思 생각할 사 |

| 跟 | 跟 跟 跟 | | | | | | | | 跟 발꿈치 근 |

| 裙 | 裙 裙 裙 | | | | | | | | 裙 치마 군 |

| 短 | 短 短 短 | | | | | | | | 短 짧을 단 |

| 比 | 比 比 比 | | | | | | | | 比 견줄 비 |

| 只 | 只 只 只 | | | | | | | | 只 다만 지 |

| 羡 | 羡 羡 羡 | | | | | | | | 羡 부러워할 선 |

| 慕 | 慕 慕 慕 | | | | | | | | 慕 사모할 모 |

| 除 | 除 除 除 | | | | | | | | 除 덜 제 |

| 了 | 了 了 了 | | | | | | | | 了 어조사 료 |

| 裤 | 裤 裤 裤 | | | | | | | | 裤 바지 고 |

| 适 | 适 适 适 | | | | | | | | 適 맞을 적 |

| 合 | 合 合 合 | | | | | | | | 合 합할 합 |

| 便 | 便 便 便 | | | | | | | | 便 말잘할 편 |

第12课 你会说汉语吗?

간체자 쓰기연습

宜 宜 宜 宜   宜 옳을 의

价 价 价 价   價 값 가

颜 颜 颜 颜   顔 얼굴 안

色 色 色 色   色 빛 색

自我介绍。(자기소개)
zìwǒ jièshào

주술술어문 / 동태조사(了, 着, 过) / 구조조사(的, 地, 得) / 正在 -하고 있는 중이다.

제 **13** 과

Dialogue

你们好！ 我叫张兰。认识你们很高兴。

我来自我介绍一下。

我是中国人，上大学的时候学过韩语，可是说得不太好。

我虽然是女生，可是很喜欢运动，羽毛球，足球，排球，游泳什么的都喜欢。

我在中国的时候每个周末都跟同学们一起锻炼身体，我们玩儿得很愉快。

因为我喜欢运动，所以我身体很好。

我住学生宿舍505号房间，

我跟一个日本同学一起住。

最近我们正在学跆拳道。

我在这儿交了很多朋友，

跟不同国家的同学一起学习有着很大的意义，

我的朋友当中有美国人、欧洲人，

也有非洲人。

我们愉快地生活在一起。
wǒmen yúkuàide shēnghuó zài yìqǐ

我来韩国已经三个月了。
wǒ lái hánguó yǐjīng sānge yuè le

我每个星期给家里人写信,
wǒ měige xīngqī gěi jiālǐrén xiěxìn

已经写了十二封信了。
yǐjīng xiě le shí'èr fēng xìn le

我在韩国生活还不太习惯, 不懂的地方很多,
wǒ zài hánguó shēnghuó hái bú tài xíguàn bùdǒng de dìfāng hěn duō

请多多指教。
qǐng duō duo zhǐjiào

谢谢大家!
xièxie dàjiā

✅ 새로 나온 단어

认识 rènshi 동 알다	高兴 gāoxìng 형 기뻐하다
自我 zìwǒ 명 자기	介绍 jièshào 동 소개하다
上大学 shàng dàxué 대학에 다니다	过 guò 조 동태조사, 경험을 나타냄
得 de 조 구조조사, 보어를 만들어줌	虽然~可是~ suīrán~kěshì~ 비록~일지라도 그러나 ~하다
女生 nǚshēng 여학생	运动 yùndòng 명 운동
羽毛球 yǔmáoqiú 명 배드민턴	足球 zúqiú 명 축구
排球 páiqiú 명 배구	游泳 yóuyǒng 명 수영 동 수영하다
周末 zhōumò 명 주말	同学 tóngxué 명 급우, 학급친구, 학교친구
锻炼 duànliàn 동 (신체를)단련하다, 운동하다	玩 wán 동 놀다
愉快 yúkuài 형 유쾌하다	住 zhù 동 살다
宿舍 sùshè 명 기숙사	跆拳道 táiquándào 명 태권도
交朋友 jiāopéngyou 친구를 사귀다	欧洲 ōuzhōu 명 유럽
非洲 fēizhōu 명 아프리카	生活 shēnghuó 명 생활 동 생활하다
封 fēng 양 편지를 세는 양사, 통	习惯 xíguàn 명 습관, 버릇 동 습관이 되다, 익숙해지다
懂 dǒng 동 알다	指教 zhǐjiào 명 가르침, 지도 동 지도하다, 가르치다
房间 fángjiān 명 방	张兰 zhānglán 고명 장란(인명)
许多 xǔduō 형 대단히 많은. 허다한	国家 guójiā 명 국가
意义 yìyì 명 뜻 의미	

어법 포인트

1. 주술술어문

주술구가 서술어인 문장을 '주술술어문'이라고 한다. 서술어의 주어가 전체 주어에 속하는 경우가 많다.

주어	서술어(주어+술어)
他	身体好
我们	进步很快
这里	空气很好
我们	生活不太习惯

2. 동태조사

동사 뒤에 붙어서 동작의 상태를 나타내는 것을 동태조사라고 한다. '了, 着, 过' 세 가지가 있다.

1) 了

동작이 이미 완료되었음을 나타낸다.

我交了很多朋友。
我写了十二封信。

2) 着

동작이나 상태의 지속 혹은 진행을 나타낸다.

有着很大的意义。
我们正在说着呢。
很多人站着看书。

3) 过

동작이 과거에 발생했거나 과거에 경험이 있음을 나타낸다.

上大学的时候学过韩语。
我们在中国吃过火锅。

3 구조조사

구조조사는 단어들을 연결시켜 어법관계를 만드는 역할을 한다. '的,地,得'세 가지가 있다.

1) 的

관형어와 중심어를 연결하는 것으로 관형어의 표지이다.

| 交许多国家的朋友。 |
| 这是我喜欢的巧克力。 |

2) 地

동사나 형용사 앞에 쓰여, 그 앞의 성분이 동사나 형용사를 수식하는 부사어임을 표시한다.

| 我们愉快地生活在一起。 |
| 爸爸认真地说：" 我要戒烟"。 |

3) 得

술어 동사나 형용사 뒤에서 그 뒤에 오는 성분이 동사나 형용사의 보어임을 표시한다. 주로 정도나 가능을 나타내는 보어가 온다. 단 得앞에 동목구조이면 동사를 한번 더 반복해서 사용한다.

| 说得不太好。 |
| 他说汉语说得非常流利。 |

4 正在 -하고 있는 중이다.

진행을 나타내는 단어 '正在'는 '-하고 있는중이다' 라는 표현이다.

| 我们正在学跆拳道。 |

한자의 원류 同

'同'의 갑골문 글자의 윗부분인 'ㅂ'은 '凡'자와 같이 '대다수'의 뜻을 표시하고 아래의 '口' 는 말을 하다는 뜻이다. 그러므로 이 글자의 뜻은 대다수의 사람들이 공통적으로 말하는 소리라는 뜻을 가지고 있으므로 같을 '同'자가 되었다.

갑골문	금문	전국문자	소전	예서	해서
넘	넘	넘	同	同	同

第13과 自我介绍。

1. "我身体很好"의 문장 구조를 설명해보시오.

2. 다음 괄호에 알맞은 구조조사를 넣으시오.
   ❶ 她是我最喜欢(　　)老师。
   ❷ 他说汉语说(　　)非常好。
   ❸ 这是我(　　)书。
   ❹ 他高高兴兴(　　)说。

3. 다음의 문장을 동태조사를 넣어 중작해보시오.
   ❶ 나는 중국에 가본 적이 있다.
   ❷ 그녀는 나에게 말했다.
   ❸ 벽에 한 폭의 그림이 걸려있다.
   ❹ 나는 지금 텔레비전을 보고 있다.
   ❺ 그는 친구에게 편지 한통을 썼다.

4. 중국어로 자신을 소개 해보시오.

간체자 쓰기연습

认	認 알 인
识	識 알 식
兴	興 일 흥
自	自 스스로 자
介	介 끼일 개
绍	紹 이을 소
虽	雖 비록 수
运	運 돌 운
羽	羽 깃 우

제13과 自我介绍。

간체자 쓰기연습

球	球 공 구
足	足 발 족
排	排 밀칠 배
游	游 헤엄칠 유
泳	泳 헤엄칠 영
周	周 두루 주
末	末 끝 말
锻	鍛 쇠불릴 단
炼	煉 불릴 연

玩	玩 玩 玩	玩 희롱할 완
愉	愉 愉 愉	愉 즐거울 유
快	快 快 快	快 쾌할 쾌
房	房 房 房	房 방 방
跆	跆 跆 跆	跆 밟을 태
拳	拳 拳 拳	拳 주먹 권
道	道 道 道	道 길 도
交	交 交 交	交 사귈 교
欧	欧 欧 欧	欧 토할 구

제13과 自我介紹。

간체자 쓰기연습

| 洲 섬 주 |
| 洲 洲 洲 |

| 非 아닐 비 |
| 非 非 非 |

| 活 살 활 |
| 活 活 活 |

| 封 봉할 봉 |
| 封 封 封 |

| 慣 버릇 관 |
| 惯 惯 惯 |

| 懂 심란할 동 |
| 懂 懂 懂 |

| 指 손가락 지 |
| 指 指 指 |

| 蘭 난초 난 |
| 兰 兰 兰 |

| 許 허락할 허 |
| 许 许 许 |

着	着 어조사 착
意	意 뜻 의
义	義 의의

제13과 自我介绍。

MEMO

연습문제 정답

제2장 발음 다지기 - 1. 자음

1. 다음 발음을 듣고 자음을 넣으시오.
   1) (b)o   2) (p)o   3) (m)o   4) (f)o
   5) (g)e   6) (k)e   7) (h)e
   8) (d)e   9) (t)e   10) (n)e   11) (l)e
   12) (j)i   13) (q)i   14) (x)i
   15) (z)i   16) (c)i   17) (s)i
   18) (zh)i   19) (ch)i   20) (sh)i   21) (r)i

2. 녹음을 듣고 알맞은 자음을 골라서 ○표하시오.
   1) (b   p)o   (n   l)e   (j   q)i   (m   f)o
   2) (x   s)i   (g   k)e   (l   r)e   (j   z)i
   3) (c   k)e   (zh   z)i   (sh   s)i   (p   f)o
   4) (k   h)e   (ch   c)i   (j   s)i   (d   t)e

3. 녹음에 맞는 자음을 순서대로 고르시오
   1) (b, p, n, l)o   (b, f, n, r)e   (p, f, n, l)o   (b, p, n, r)e
   2) (j, q, x, s)i   (q, j, s, x)i   (j, q, s, sh)i   (q, j, sh, s)i
   3) (g, k, r, l)e   (g, c, l, r)e   (k, g, r, l)e   (g, c, l, r)e
   4) (z, c, ch, zh)i   (zh, z, c, ch)i   (z, ch, c, zh)i   (zh, c, sh, s)i

제2장 발음 다지기 - 2. 모음

1. 다음 내용을 듣고 알맞은 모음을 쓰시오.
   1) b(o)   p(o)   m(o)   f(o)
   2) d(e)   t(e)   n(e)   l(e)
   3) g(e)   k(e)   h(e)
   4) j(i)   q(i)   x(i)
   5) z(i)   c(i)   s(i)
   6) zh(i)   ch(i)   sh(i)   r(i)

2. 다음 내용을 듣고 알맞은 모음을 쓰세요
   1) b(i)   f(o)   g(e)   h(ei)
   2) k(e)   b(ao)   d(uo)   l(ou)
   3) q(iao)   c(e)   ch(ao)   z(e)
   4) x(ian)   s(uo)   sh(u)   j(ie)
   5) x(in)   s(e)   q(iu)   c(uo)

3. 녹음을 듣고 다음 단어의 모음과 다른 발음을 고르시오.
   1) ne   (1) ke   (2) geng   (3) de   (4) hei
   2) ku   (1) guan   (2) tu   (3) jun   (4) dun
   3) qu   (1) zuan   (2) qun   (3) jun   (4) xuan
   4) zun   (1) zuan   (2) jue   (3) cuan   (4) sun

4. 다음 모음을 듣고 알맞은 발음을 고르시오
   1) p   (an, ang, en, in)   (ang, an, en, ing)   (ang, an, eng, in)   (an, ang, eng, in)
   2) j   (u, un, ue, uan)   (u, ün, ue, üan)   (u, un, üe, uan)   (u, ün, ue, uan)
   3) l   (e, an, en, ang)   (e, en, an, eng)   (e, eng, an, ang)   (e, en, an, eng)
   4) g   (ai, en, ei, an)   (ei, en, ai, an)   (ai, ei, an, en)   (ai, ei, en, an)

5. 발음을 듣고 다음의 영성모를 써보시오.
   1) ing (ying)   ueng (weng)   ün (yun)
   2) uo (wo)   ua (wa)   in (yin)
   3) iou (you)   üan (yuan)   iang (yang)
   4) üe (yue)   ian (yan)   uai (wai)

제2장 발음 다지기 - 3. 성조   24

1. 다음 한어병음의 성조를 발음해 보시오
   1) bā   bá   bǎ   bà   2) dōu   dóu   dǒu   dòu
   3) jiā   jiá   jiǎ   jià   4) luō   luó   luǒ   luò
   5) rēn   rén   rěn   rèn   6) gēi   géi   gěi   gèi
   7) gāo   gáo   gǎo   gào   8) kāi   kái   kǎi   kài

2. 다음 녹음을 듣고 성조를 표시하시오.
   1) bá   pò   fǒu   dì
   2) tǎo   luò   gài   ròu
   3) lái   děng   nè   hòu
   4) dé   sān   zuò   chī

3. 다음 녹음을 듣고 성조를 표시하시오.
   1) bāng   dé   yíng   wén   tuò   dǒng
   2) fēn   pán   duò   lǎo   néng   nín
   3) dāng   bì   tóu   mā   fó   nǔ

제3장 실전! 발음겨루기 - 1. 겨루기 첫째 마당   26

1. 다음 녹음을 듣고 알맞은 성모에 O표시하시오.
   1) (b, p)a 怕   2) (p, f)u 福   3) (d, t)e 德   4) (n, l)i 你
   5) (m, f)o 墨   6) (n, l)e 了   7) (k, h)u 虎   8) (m, f)u 副
   9) (n, l)u 路   10) (g, k)e 歌   11) (d, t)u 读   12) (g, h)u 古

2. 다음 녹음을 듣고 알맞은 운모에 O표시하시오.
   1) b(a, o) 拨   2) m(e, o) 摩   3) p(i, u) 谱   4) f(o, u) 佛
   5) g(a, e) 个   6) t(a, u) 他   7) n(i, ü) 女   8) k(a, u) 哭
   9) t(e, i) 体   10) f(a, u) 发   11) l(i, ü) 里   12) d(i, u) 第

3. 다음 녹음을 듣고 성조표시를 하시오.
   1) 八 bā 拔 bá   2) 故 gù 古 gǔ   3) 德 dé 得 de   4) 末 mò 磨 mó
   5) 踢 tī 提 tí   6) 塔 tǎ 他 tā   7) 女 nǔ 怒 nù   8) 卡 kǎ 咖 kā

9) 路 lù　鲁 lǔ　　10) 怕 pà　爬 pá　　11) 副 fù　甫 fǔ　　12) 努 nǔ　怒 nù

4. 다음 녹음을 듣고 빈칸을 채우시오
　1) pá 爬　　　　　2) nǚ 女　　　　　3) ba 吧　　　　　4) le 了
　5) dú 读　　　　　6) dà 大　　　　　7) yú 鱼　　　　　8) mǎ 马
　9) bī pò 逼迫　　10) tú dì 徒弟　　11) dà dì 大地　　12) wù lǐ 物理
　13) tè dì 特地　　14) bù fú 不符　　15) nǎ lǐ 哪里　　16) kè kǔ 刻苦
　17) lù 路　　　　 18) kě 可　　　　 19) dǎ 打　　　　 20) nǐ 你
　21) fó 佛　　　　 22) mó 磨　　　　 23) yǐ 以　　　　 24) pí 皮
　25) là lì 拉力　　26) gǔ bì 古币　　27) pú fú 匍匐　　28) gā lí 咖喱
　29) fù yù 富裕　　30) dī da 滴答　　31) dà gē 大哥　　32) bō li 玻璃

제3장 실전! 발음겨루기 – 2. 겨루기 둘째 마당　　27

1. 다음 녹음을 듣고 알맞은 성모에 ○표 하시오.
　1)(b, p)ai 排　　　2) (f, p)an 反　　　3) (n, l)eng 冷　　4) (k, h)en 恨
　5)(h, g)ou 够　　　6) (n, l)ai 乃　　　7) (d, t)ong 东　　8) (d, t)ao 桃
　9)(g, k)ei 给　　　10) (b, p)en 盆　　11) (n, l)ou 楼　　12) (k, h)ao 靠

2. 다음 녹음을 듣고 알맞은 운모에 ○표 하시오.
　1) d(an, ang) 蛋　　2) f(an, en) 分　　3) p(an, ang) 旁　　4) n(eng, ong) 能
　5) n(ai, ei) 奶　　　6) g(ao, ou) 高　　7) k(en, eng) 肯　　8) m(ai, ei) 麦
　9) n(an, en) 男　　 10) t(ang, eng) 疼　 11) l(ai, ei) 类　　12) h(ang, ong) 红

3. 다음 녹음을 듣고 알맞은 성조를 표시하시오.
　1) 泪 lèi　雷 léi　　2) 凡 fán　反 fǎn　　3) 戴 dài　呆 dāi　　4) 党 dǎng　当 dāng
　5) 本 běn　笨 bèn　　6) 脉 mài　埋 mái　　7) 投 tóu　透 tòu　　8) 弄 nòng　农 nóng
　9) 耕 gēng　梗 gěng　10) 靠 kào　考 kǎo　 11) 南 nán　蝻 nǎn　 12) 培 péi　配 pèi

4. 다음 녹음을 듣고 빈칸을 채우시오.
　1) bǎi 百　　　　　　2) pǎo 跑　　　　　　3) dōu 都　　　　　　4) pōu 剖
　5) pàn 判　　　　　　6) páng 旁　　　　　　7) nóng 农　　　　　　8) děng 等
　9) kǎo lǜ 考虑　　　10) pāi zhào 拍照　　11) tān lán 贪婪　　　12) hé dōng 河东
　13) bāng zhù 帮助　　14) dào lù 道路　　　15) bǎo zhàng 保障　　16) gè tóu 个头
　17) gào 告　　　　　 18) tōng 通　　　　　19) huāng 荒　　　　　20) kùn 困
　21) nèn 嫩　　　　　 22) guài 怪　　　　　23) héng 恒　　　　　 24) miǎn 免
　25) gāo dǎo 高蹈　　 26) lǎn duò 懒惰　　 27) kě lián 可怜　　　28) kuài lè 快乐
　29) bái bù 白布　　　30) gū gu 姑姑　　　　31) tái tóu 抬头　　　32) lǜ dēng 绿灯

제3장 실전! 발음겨루기 – 3. 겨루기 셋째 마당　　29

1. 다음 발음을 듣고 알맞은 성모에 ○표 하시오.
　1) (b, p)iao 票　　　2) (t, d)ing 顶　　　3) (n, l)ie 列　　　4) (l, n)iang 凉
　5) (t, d)ian 天　　　6) (y, m)ing 影　　　7) (d, m)iu 谬　　　8) (t, d)iu 铥
　9) (m, l)ie 灭　　　10) (n, l)iu 留　　　11) (d, t)iao 掉　　12) (y, b)ing 丙

2. 다음 발음을 듣고 알맞은 운모에 ○표하시오.
   1) n(ie, iu) 聂　　2) l(iao, ian) 脸　　3) t(ing, ie) 铁　　4) n(iang, ia) 酿
   5) m(ian, in) 民　　6) d(iu, ie) 爹　　7) p(in, ing) 频　　8) b(ing, ie) 别
   9) l(iang, ing) 另　10) t(iao, ing) 跳　11) d(i, ian) 电　　12) m(iu, iao) 妙

3. 다음 발음을 듣고 알맞은 성조를 표시하시오.
   1) 病 bìng　兵 bīng　　2) 秒 miǎo　妙 miào　　3) 品 pǐn　聘 pìn　　4) 面 miàn　免 miǎn
   5) 跌 diē　碟 dié　　6) 牛 niú　扭 niǔ　　7) 点 diǎn　店 diàn　　8) 替 tì　提 tí
   9) 雕 diāo　吊 diào　10) 梁 liáng　量 liàng　11) 留 liú　六 liù　　12) 涅 niè　捏 niē

4. 다음발음을 듣고 빈칸에 알맞은 발음을 쓰시오.
   1) diū 丢　　　　　2) zǐ 紫　　　　　3) jié 杰　　　　　4) miù 谬
   5) dōng 冬　　　　6) bīn 彬　　　　7) biàn 辨　　　　8) diē 爹
   9) tiáo dī 调低　　10) liè jiǎo 劣角　11) tiān dì 天地　12) diàn tī 电梯
   13) lián mián 连绵　14) pīn mìng 拼命　15) dìng míng 定名　16) miǎo miǎo 渺渺
   17) tiān 添　　　　18) piáo 朴　　　　19) luò 洛　　　　20) niáng 娘
   21) duǒ 朵　　　　22) líng 零　　　　23) miào 妙　　　　24) liǎ 俩
   25) tiān táng 天堂　26) yǎn yì 演绎　27) tǐ tiē 体贴　28) bǐ lì 比例
   29) bì miǎn 避免　30) bīng piàn 冰片　31) miàn lín 面临　32) miào líng 妙龄

제3장 실전! 발음겨루기 – 4. 겨루기 넷째 마당

31

1. 다음 녹음을 듣고 알맞은 성모에 ○ 표 하시오.
   1) (b, p)u 葡　　　2) (k, h)ua 华　　　3) (n, l)ü 钕　　　4) (m, p)u 牧
   5) (g, k)ui 奎　　　6) (g, h)uan 缓　　7) (p, f)o 破　　　8) (d, t)ui 堆
   9) (n, t)uan 暖　　10) (h, k)uai 筷　　11) (d, k)un 坤　　12) (n, l)üe 略

2. 다음 녹음을 듣고 알맞은 운모에 ○표 하시오.
   1) k(ui, uai) 块　　2) w(u, a) 舞　　3) y(u, ue) 遇　　4) h(un, uan) 患
   5) k(ua, ui) 愧　　6) d(ui, un) 盾　　7) g(ua, uan) 瓜　　8) n(ü, üe) 虐
   9) w(ang, eng) 网　10) w(ai, ei) 喂　　11) h(ui, ua) 挥　　12) n(u, uan) 奴

3. 다음 녹음을 듣고 알맞은 성조를 표시하시오.
   1) 关 guān　管 guǎn　　2) 华 huá　化 huà　　3) 奴 nú　怒 nù　　4) 腿 tuǐ　退 tuì
   5) 突 tū　土 tǔ　　6) 鬼 guǐ　柜 guì　　7) 微 wēi　胃 wèi　　8) 卵 luǎn　乱 luàn
   9) 夸 kuā　跨 kuà　10) 略 lüè　掠 lüè　11) 荒 huāng　皇 huáng　12) 鱼 yú　雨 yǔ

4. 다음 발음을 듣고 빈칸에 알맞은 발음을 써넣으시오.
   1) duǎn 短　　　　2) kuà 跨　　　　3) mǔ 母　　　　4) kuáng 狂
   5) bēi 杯　　　　6) nüè 虐　　　　7) guā 刮　　　　8) kuǎn 款
   9) tuán tǐ 团体　　10) tuī duàn 推断　11) gǔn kāi 滚开　12) duō kuī 多亏
   13) guó tǔ 国土　14) huái yùn 怀孕　15) kuàng kuò 旷阔　16) hùn dùn 混沌
   17) tún 豚　　　　18) yù 玉　　　　19) yuán 元　　　　20) yǔn 允
   21) kuí 奎　　　　22) guāng 光　　　23) guǎi 拐　　　　24) tuǐ 腿
   25) kuài lún 快轮　26) kuàng gǔ 旷古　27) luò huā 落花　28) kuān dù 宽度
   29) guī huà 规划　30) yǔ yún 雨云　31) tuī yuán 推原　32) lún huí 轮回

제3장 실전! 발음겨루기 – 5. 겨루기 다섯째 마당

1. 다음 녹음을 듣고 알맞은 성모에 O표 하시오.
   1) (x, s)in 信
   2) (j, q)uan 权
   3) (q, x)u 虚
   4) (zh, z)un 准
   5) (j, x)iong 熊
   6) (z, c)uo 措
   7) (j, q)ue 雀
   8) (c, ch)un 存
   9) (z, j)u 举
   10) (x, s)u 序
   11) (zh, j)uan 赚
   12) (j, q)ue 爵

2. 다음 녹음을 듣고 알맞은 운모에 O표 하시오.
   1) j(ue, uan) 鹃
   2) q(u, ue) 曲
   3) x(u, un) 需
   4) zh(ua, uan) 篆
   5) ch(uo, ua) 绰
   6) sh(uo, un) 朔
   7) q(in, iu) 球
   8) j(i, ia) 价
   9) x(ia, iao) 效
   10) j(uan, un) 卷
   11) x(in, iu) 辛
   12) z(ui, uan) 嘴

3. 다음 녹음을 듣고 성조표시를 하시오.
   1) 走 zǒu 奏 zòu
   2) 知 zhī 纸 zhǐ
   3) 惹 rě 热 rè
   4) 窗 chuāng 床 chuáng
   5) 拴 shuān 涮 shuàn
   6) 嗦 suō 所 suǒ
   7) 昨 zuó 坐 zuò
   8) 栽 zāi 宰 zǎi
   9) 拆 chāi 豺 chái
   10) 春 chūn 唇 chún
   11) 餐 cān 残 cán
   12) 葱 cōng 从 cóng

4. 다음 발음을 듣고 빈칸에 알맞은 발음을 써넣으시오.
   1) jū 居
   2) zhuān 砖
   3) zhuǎ 爪
   4) chéng 乘
   5) qǐ 起
   6) zè 仄
   7) chāo 抄
   8) shuǐ 水
   9) zhuā zhù 抓住
   10) rù zuò 入座
   11) ruǎn shuō 软说
   12) chuàng zuò 创作
   13) chāo zhī 超支
   14) xióng jùn 雄峻
   15) chū zū 出租
   16) shàn xíng 善行
   17) zhǔn 准
   18) zuì 罪
   19) cuò 措
   20) zhū 朱
   21) chūn 春
   22) chuáng 床
   23) zuǒ 左
   24) cù 促
   25) zū shuì 租税
   26) shuāng shū 双数
   27) chūn juǎn 春卷
   28) zhōu xuán 周旋
   29) zhuī zhú 追逐
   30) zhú jiǎn 竹简
   31) jiào yù 教育
   32) qǐng zuò 请坐

제3장 실전! 발음겨루기 – 6. 겨루기 여섯째 마당

1. 다음 녹음을 듣고 알맞은 성모에 O표 하시오.
   1) (c, z)a 杂
   2) (z, zh)ao 招
   3) (ch, sh)i 翅
   4) (z, zh)ei 贼
   5) (c, s)ou 艘
   6) (zh, ch)an 展
   7) (s, c)eng 层
   8) (c, ch)ou 凑
   9) (z, s)eng 赠
   10) (s, sh)e 舌
   11) (z, zh)ai 宰
   12) (sh, zh)en 珍

2. 다음 녹음을 듣고 알맞은 운모에 O표 하시오.
   1) z(e, ai) 灾
   2) sh(ei, ai) 谁
   3) ch(u, ou) 楚
   4) sh(en, eng) 胜
   5) c(ong, ang) 聪
   6) z(i, ei) 子
   7) r(en, an) 忍
   8) c(en, eng) 岑
   9) r(ao, ou) 柔
   10) s(en, an) 伞
   11) z(ou, ao) 枣
   12) ch(an, ang) 唱

3. 다음 녹음을 듣고 알맞은 성조표시를 하시오.
   1) 吃 chī 持 chí
   2) 摘 zhāi 窄 zhǎi
   3) 山 shān 善 shàn
   4) 仨 sā 萨 sà
   5) 升 shēng 胜 shèng
   6) 人 rén 忍 rěn
   7) 责 zé 仄 zè
   8) 脏 zāng 葬 zàng
   9) 昭 zhāo 找 zhǎo
   10) 甄 zhēn 震 zhèn
   11) 松 sōng 宋 sòng
   12) 勺 sháo 绍 shào

4. 다음 발음을 듣고 빈칸에 알맞은 발음을 써넣으시오.
   1) zhǎi 窄
   2) còu 腠
   3) róng 容
   4) chǒu 丑

5) shān 杉   6) cháng 常   7) zéi 贼   8) zhèng 政
9) zǎi xiàng 宰相 10) chán rào 缠绕   11) zhǎng shēng 掌声 12) chē zhàn 车站
13) shēn sè 深色   14) zēng zhǎng 增长 15) shàng zhōu 上周   16) chēng zàn 称赞
17) zuì 最   18) rán 然   19) sāng 桑   20) zhàn 站
21) chén 晨   22) shuāi 摔   23) sēn 森   24) chéng 城
25) zǐ sè 紫色   26) cí ràng 辞让   27) cháng shòu 长寿   28) shōu chéng 收成
29) róu ruǎn 柔软   30) chǎo zuò 炒作   31) chuán shuō 传说   32) cháo shuǐ 潮水

제1과 연습문제

1. 다음 동사의 한자를 쓰고 한어병음과 성조를 표시하시오
   ❶ 가다 : 去 qù   ❷ 보다 : 看 kàn   ❸ 쓰다 : 寫 xiě   ❹ 오다 : 來 lái

2. 다음 번체자의 간체자를 쓰시오.
   ❶ 聽 : 听   ❷ 說 : 说   ❸ 老師 : 老师   ❹ 再見 : 再见

3. 다음 한어병음을 한자로 쓰시오.
   ❶ zǎo shang : 早上   ❷ wǎn shang : 晚上

4. 다음 한어병음과 한자를 써보시오.
   ❶ 그는 말합니다.   한어병음 : tā shuō .   한자 : 他说 .
   ❷ 그는 듣지 않습니다.   한어병음 : tā bù tīng .   한자 : 他不听 .
   ❸ 나는 오지 않습니다.   한어병음 : wǒ bù lái .   한자 : 我不来 .
   ❹ 그는 씁니다.   한어병음 : tā xiě .   한자 : 他写 .

제2과 연습문제

1. 다음 단어에 알맞은 한자와 한어병음 및 성조를 표시하시오.
   ❶ 배고프다 : 饿 è   ❷ 피곤하다 : 累 lèi   ❸ 바쁘다 : 忙 máng

2. 다음 상황에 알맞은 대답을 쓰시오.
   ❶ 죄송합니다 : 对不起 没关系   ❷ 감사합니다 : 谢谢 不客气

3. 다음 번체자를 간체자로 바꾸시오.
   ❶ 媽 : 妈   ❷ 對 : 对   ❸ 餓 : 饿   ❹ 氣 : 气

4. 중국어 인칭대명사와 복수형을 써보세요.

		단수	복수
1인칭		我	我们
2인칭		你 / 您	你们
3인칭	남	他	他们
	여	她	她们
	사물 동물	它	它们

5. 다음 괄호 안에 알맞게 써넣으시오.

对不起	duìbuqǐ	죄송합니다
没关系	méiguānxi	괜찮습니다
很忙	hěn máng	매우 바쁘다
谢谢	xièxie	감사합니다

제3과 연습문제

66

1. 다음 단어에 알맞은 한어병음과 성조를 쓰시오.
   ❶ 사전 : 词典 cí diǎn   ❷ 필기구 : 笔 bǐ   ❸ 잡지 : 杂志 zá zhì   ❹ 신문 : 报纸 bào zhǐ

2. 다음 단어를 이용하여 괄호안에 들어갈 병음을 써보시오
   杂志, 报纸, 老师, 书, 词典, 笔, 的.

	z				c					
b	a	o	z	h	i					
	z				d	e				
	h				i				s	
b	i		l	a	o	s	h	i		
					n				u	

3. 다음 번체자를 간체자로 쓰고 한어병음과 성조를 표시하시오.
   ❶ 學 : 学 xué   ❷ 雜 : 杂 zá   ❸ 筆 : 笔 bǐ   ❹ 書 : 书 shū

4. 다음 빈칸에 알맞게 써넣으시오.

词典	cí diǎn	사전
朋友	péng you	친구
同学	tóng xué	같은반 친구
杂志	zá zhì	잡지

5. 다음 단어의 어순을 바르게 배치하시오
   ❶ 学生, 我, 是.   我是学生 .   ❷ 是, 老师, 他, 我, 的.   他是我的老师 .
   ❸ 什么, 那, 是.   那是什么 ?   ❹ 谁, 位, 这, 是.   这位是谁 ?

제4과 연습문제

76

1. 다음 단어의 한어 병음과 성조 및 뜻을 쓰시오.
   ❶ 面包 : miànbāo 빵   ❷ 米饭 : mǐfàn 쌀밥
   ❸ 汉语书 : hànyǔshū 중국어책   ❹ 可口可乐 : kěkǒukělè 코카콜라

2. 다음 문장을 써보세요.
   ❶ 나는 책가방을 삽니다.   한어병음 : wǒ mǎi shū bāo .   한자 : 我买书包 .
   ❷ 나는 쥬스를 마십니다.   한어병음 : wǒ hē guǒ zhī .   한자 : 我喝果汁 .

❸ 나는 중국어를 배웁니다.　　한어병음 : wǒ xué xí hàn yǔ .　　한자 : 我学习汉语 .
❹ 나는 만두를 먹습니다.　　한어병음 : wǒ chī jiǎo zi .　　한자 : 我吃饺子 .

3. 다음 번체자를 간체자로 바꾸시오.
   ❶ 礦 : 矿 kuàng　　❷ 韓 : 韩 hán　　❸ 麵 : 面 miàn　　❹ 條 : 条 tiáo

4. 다음 단어를 괄호 안에 알맞게 넣으시오.
   学习, 什么, 米饭, 面包, 你呢, 我, 汉语, 买书, 果汁.

		x				h				g
		u			m	a	i	s	h	u
s	h	e	n	m	e	n				o
		x				y				z
	m	i	f	a	n	u				h
					i			w		i
	m	i	a	n	b	a	o			
					e					

5. 다음 단어의 어순을 바르게 배열하시오.
   ❶ 什么, 吃, 你.　　你吃什么?　　❷ 买, 可口可乐, 我.　　我买可口可乐 .
   ❸ 我, 韩语, 学习.　　我学习韩语 .　　❹ 喝, 茶, 你.　　你喝茶 .

제5과 연습문제

1. 다음 괄호안에 알맞은 양사를 쓰시오.
   ❶ 一(本)书　　❷ 一(个)本子　　❸ 两(杯)咖啡　　❹ 一(支)铅笔

2. 다음 문장을 써보세요.
   ❶ 사과 한 근에 얼마입니까.　　한어병음 : yī jīn píng guǒ duō shao qián ? .　　한자 : 一斤苹果多少钱?
   ❷ 당신은 무엇을 사시려구요?　　한어병음 : nǐ yào mǎi shén me? .　　한자 : 你要买什么?
   ❸ 이책은 15원입니다.　　한어병음 : zhè běn shū shì shí wǔ kuài qián .　　한자 : 这本书是十五块钱 .
   ❹ 거스름돈 3원을 드리겠습니다. 한어병음 : wǒ zhǎo nǐ sān kuài qián .　　한자 : 我找你三块钱.

3. 다음 번체자를 간체자로 바꾸시오.
   ❶ 買 : 买　　❷ 塊 : 块　　❸ 錢 : 钱　　❹ 筆 : 笔

4. 다음 단어를 괄호 안에 알맞게 넣으시오.

铅笔	qiān bǐ	연필
多少钱	duō shao qián	얼마입니까?
西瓜	xī guā	수박
牛奶	niú nǎi	우유

5. 다음 가격을 계산하시오.
   ❶ 커피1잔에2.5원 커피2잔 : 五块钱　　❷ 책1권에 4.5원 책3권 : 十三块五毛钱
   ❸ 맥주1병에1.2원 맥주3병 : 三块六毛钱　　❹ 연필한자루에 0.8원 연필5자루 : 四块钱

6. 다음 단어의 어순을 바르게 배열하시오.
   ❶ 多少钱 苹果 一斤   一斤苹果多少钱?(苹果多少钱一斤도 가능).
   ❷ 什么 你 买 要   你要买什么?
   ❸ 两 钱 你 给 块   给你两块钱。
   ❹ 钱 找 毛 你 六   找你六毛钱。

제6과 연습문제   98

1. 다음 문장을 써보세요.
   ❶ 말씀좀 여쭙겠습니다만 도서관이 어디 있습니까?
      한어병음 : qǐng wèn tú shū guǎn zài nǎr?   한자 : 请问图书馆在哪儿?
   ❷ 나는 북경대학에서 공부합니다.
      한어병음 : wǒ zài běi jīng dà xué xué xí .   한자 : 我在北京大学学习。
   ❸ 당신은 어디 가십니까?
      한어병음 : nǐ qù nǎr?   한자 : 你去哪儿?
   ❹ 죄송합니다. 저는 잘 모르겠습니다.
      한어병음 : duì bu qǐ wǒ bù zhī dào .   한자 : 对不起, 我不知道。

2. 다음 번체자를 간체자로 바꾸시오.
   ❶ 醫 : 医   ❷ 習 : 习   ❸ 門 : 门   ❹ 圖 : 图

3. 다음 단어를 괄호안에 알맞게 넣으시오.

图书馆	tú shū guǎn	도서관
商店	shāng diàn	상점
请问	qǐng wèn	실례합니다만
天安门	tiān'ān mén	천안문

4. 다음 단어의 어순을 바르게 배열하시오.
   ❶ 买, 市场, 东西, 我, 在.   我在市场买东西。
   ❷ 哪儿, 你, 工作, 在 .   你在哪儿工作?
   ❸ 不 , 对不起, 知道, 我 .   对不起, 我不知道。
   ❹ 学习, 北京, 我, 汉语, 大学, 在. 我在北京大学学习汉语。

5. 다음을 해석하고 "在"의 문장성분에 대해서 설명하시오.
   ❶ 我在北京师范大学 : 나는 북경사범대학에 있습니다. 在는 -에 있다가 되므로 동사이다
   ❷ 我在北京师范大学学习 : 나는 북경사범대학에서 공부합니다. 在는 -에서이므로 장소를 나타내는 개사이다.
   ❸ 我在北京师范大学学习汉语 : 나는 북경사범대학에서 중국어를 공부합니다.
      在는 -에서를 나타내므로 장소를 나타내는 개사이다.

제7과 연습문제   110

1. 다음 물음에 맞는 답을 자신의 실제상황에 맞게 답하시오.
   ❶ 你家有几口人?
   ❷ 你家有什么人 ?
   ❸ 你今年多大 ?

2. 다음 번체자의 간체자를 쓰시오.
   ❶ 愛 : 爱
   ❷ 歲 : 岁
   ❸ 數 : 数
   ❹ 親 : 亲

3. 다음 단어를 괄호안에 알맞게 넣으시오.

没有	méiyǒu	없다
可爱	kě'ài	귀엽다
岁数	suìshu	나이
孩子	háizi	어린아이

4. 다음 단어의 어순을 바르게 배열하시오.
   ❶ 几, 你, 人, 口, 有, 家.   你家有几口人?
   ❷ 今, 多, 大, 年, 你.   你今年多大?
   ❸ 我, 两, 个, 子, 有, 孩.   我有两个孩子。
   ❹ 家, 什么, 有, 人, 你.   你家有什么人?

제8과 연습문제

119

1. 지금 현재 년도와 월일 시간과 요일을 말해보시오.

2. 다음 괄호안에 알맞은 단어를 쓰시오.

前年	去年	今年	明年	后年
qiánnián	qùnián	jīnnián	míngnián	hòunián

3. 다음 문장을 써보세요.
   ❶ 오늘은 몇월 몇일입니까? 한어병음 : jīn tiān shì jǐ yuè jǐ hào? 한자 : 今天是几月几号?
   ❷ 6월20일은 수요일입니다. 한어병음 : liù yuè èr shí hào shì xīng qī sān。 한자 : 六月二十号是星期三。
   ❸ 엊그제는 무슨요일입니까? 한어병음 : dà qián tiān shì xīng qī jǐ? 한자 : 大前天是星期几?
   ❹ 내일모레는 5월 25일이죠? 한어병음 : dà qián tiān shì wǔ yuè èr shí wǔ hào ba? 한자 : 大前天是五月二十五号吧?

4. 다음 년도를 읽어보세요.
   ❶ 2002년 : 二零零二年   ❷ 1997년 : 一九九七年   ❸ 1965년 : 一九六五年

5. 다음 괄호안에 알맞은 한자나 한어병음 및 성조를 쓰시오.

大前天	前天	昨天	今天	明天	后天	大后天
dàqiántiān	qiántiān	zuótiān	jīntiān	míngtiān	hòutiān	dàhòutiān

6. 我是, 一九九零年出生的, 属马, 我的生日是五月二十五日。

제9과 연습문제

128

1. 다음 문장을 써보세요.
   ❶ 너는 몇 시에 잠을 자니?
      한어병음: nǐ jǐ diǎn shuì jiào.   한자 : 你几点睡觉?

연습문제 정답 187

❷ 나는 4시 45분에 수업이 끝난다.
  한어병음: wǒ sì diǎn sì shí wǔ fēn xià kè.   한자: 我四点四十五分下课.
❸ 우리 함께 점심식사를 합시다.
  한어병음: wǒmen yī qǐ chī zhōng wǔ fàn ba   한자: 我们一起吃中午饭吧.
❹ 나는 오전 여덟시에서 열두시까지 수업한다.
  한어병음: wǒ cóng bā diǎn dào shí èr diǎn shàng kè.   한자: 我从八点到十二点上课.

2. 다음 시간을 읽어보시오.
   ❶ 6:00 : 六点
   ❷ 12:45 : 十二点四十五分
   ❸ 2:25 : 两点二十五分
   ❹ 7:15 : 七点一刻, 七点十五分

3. 我去图书馆看书의 문장을 분석하시오.
   나는 도서관에 가서 책을 본다. 한문장에서 (동사1)去 (목적어1)图书馆 (동사2)看 (목적어2)书로서 연속해서 두개의 동사가 오므로 이러한 문장을 연동문이라고 한다.

4. 하루일과를 중국어로 표현해 보세요.

5. 다음 단어의 어순을 바르게 배열하시오.
   ❶ 做 , 下午, 你, 什么 .   下午你做什么? (你下午做什么?도 가능)
   ❷ 见面, 咱们, 学校 , 在 , 门口 .   咱们在学校门口见面.
   ❸ 有时候, 书, 图书馆 , 看 , 去.   有时侯去图书馆看书.
   ❹ 睡觉, 左右, 晚上, 十一点.   晚上十一点左右睡觉.

제10과 연습문제

1. 다음 문장을 써보세요.
   ❶ 북경역은 어떻게 가죠?   한어병음 : běi jīng zhàn zěn me zǒu?   한자 : 北京站怎么走?
   ❷ 이곳에서 얼마나 멀리 있습니까?   한어병음 : lí zhèr duō yuǎn ?   한자 : 离这儿多远?
   ❸ 곧장 앞으로 가서 왼 쪽으로 꺾으십시오   한어병음 : yī zhí wǎng qián zǒu zài wǎng zuǒ guǎi
                                                    한자 : 一直往前走再往左拐.
   ❹ 러시아워시간에 차가 막히죠?   한어병음 : gāo fēng shí jiān dǔ chē ba.   한자 : 高峰时间堵车吧?

2. 다음 번체자를 간체자로 쓰시오.
   ❶ 還 : 还   ❷ 鍾 : 钟   ❸ 馬 : 马   ❹ 過 : 过

3. 다음 빈칸에 알맞은 단어를 넣으시오.

	dà gài	대개
高峰时间	gāo fēng shí jiān	러시아워
怎么走	zěn me zǒu	어떻게 가죠?
一直	yì zhí	줄곧

4. 다음 문장의 어순을 바르게 쓰시오.
   ❶ 这儿, 远, 离, 不远 .   离这儿远不远?
   ❷ 好, 走着, 你, 还是, 去, 比较.   你还是走着去比较好.
   ❸ 前, 一直, 往, 从, 这儿, 走.   从这儿一直往前走.
   ❹ 北京站, 走, 请问, 怎么 ?   请问, 北京站怎么走?

제11과 연습문제   149

1. 중국사람의 습관에 맞게 음식을 시키시오.
   茶(차) - 凉菜(찬요리) - 热菜(더운요리) - 主食(주식){米饭(쌀밥), 炒饭(볶음밥), 面条(면류)} - 汤(탕)

2. 다음 번체자를 간체자로 쓰시오.
   ❶ 鷄 : 鸡   ❷ 湯 : 汤   ❸ 點 : 点   ❹ 覺 : 觉

3. 다음 빈칸에 알맞은 단어를 넣으시오.

牌子	páizi	상표, 팻말
结帐	jiézhàng	계산하다
有点儿	yǒudiǎnr	좀, 조금
泡菜	pàocài	김치

4. 다음 문장의 어순을 바르게 쓰시오.
   ❶ 给, 菜单, 我们, 小姐.   小姐给我们菜单。
   ❷ 菜, 怎么样, 韩国, 觉得, 你?   你觉得韩国菜怎么样?
   ❸ 请, 来, 今天, 我, 客.   今天我来请客。
   ❹ 觉得, 辣, 我, 有点儿, 韩国菜. 我觉得韩国菜有点儿辣。

제12과 연습문제   161

1. 다음 문장을 써보세요.
   ❶ 나는 중국어를 배우고 싶습니다.
      한어병음: wǒ xiǎng xué xí hàn yǔ   한자 : 我想学习汉语。
   ❷ 제가 당신에게 중국어를 가르쳐드리겠습니다.
      한어병음: wǒ jiāo nǐ gěi hàn yǔ   한자 : 你教你汉语。
   ❸ 제가 한번 입어봐도 되나요?
      한어병음: wǒ kě yǐ shì shì ma .   한자 : 我可以试试吗?
   ❹ 저는 영어는 못하고 중국어는 할 수 있습니다.
      한어병음: wǒ bù huì yīng yǔ huì shuō hàn yǔ .   한자 : 我不会说英语, 我会说汉语。

2. 다음 빈칸에 알맞은 한어병음과 성조 및 뜻을 쓰시오.

裙子	qúnzi	치마
谈话	tánhuà	말하다
可以	kěyǐ	-할 수 있다
有意思	yǒuyìsi	재미있다

3. 다음 번체자를 간체자로 쓰시오.
   ❶ 談 : 谈   ❷ 會 : 会   ❸ 長 : 长

4. 다음 문장의 어순을 바르게 쓰시오.
   ❶ 中国人, 我, 谈话, 能, 跟. 我能跟中国人谈话.
   ❷ 好看, 真, 那, 裙子, 条. 那条裙子真好看.
   ❸ 这, 比, 有, 条, 没有, 一点儿的, 短. 有没有比这条短一点儿的?
   ❹ 很, 难, 是, 不過, 意思, 有, 难 难是难, 不过很有意思。

제13과 연습문제

1. "我身体很好"의 문장 구조를 설명해보시오.
   我 身体很好 나는(주어) 건강이 매우 좋습니다.(서술어)
   서술어를 나타내는 건강이 좋습니다에서 건강이(주어) 매우좋습니다.(형용사 술어문)
   서술어 안에 주어와 주어와 형용사 술어문을 포함하고 있는 주술술어문이 된다.

2. 다음 괄호에 알맞은 구조조사를 넣으시오.
   ❶ 她是我最喜欢(的)老师。 ❷ 他说汉语说(得)非常好。
   ❸ 这是我(的)书。 ❹ 他高高兴兴(地)说。

3. 다음의 문장을 동태조사를 넣어 중작해보시오.
   ❶ 나는 중국에 가본 적이 있다. 我去过中国。
   ❷ 그녀는 나에게 말했다. 她告诉了我。
   ❸ 벽에 한 폭의 그림이 걸려있다. 墙上挂着一幅画。
   ❹ 나는 밥을 먹으면서 텔레비전을 보고 있다. 我吃着饭看电视。
   ❺ 그는 친구에게 편지 한통을 썼다. 他给朋友写了一封信。

4. 중국어로 자신을 소개 해보세요.
   大家好? 我叫金银姬, 认识大家很高兴。

본문 해석

제1과 안녕   41

1. 안녕. 안녕. [교체연습] 안녕하세요 선생님 안녕하세요
2. 안녕 아침인사 안녕 저녁인사
3. 안녕히 계세요.
4. 너는 온다. [교체연습] 나는, 그는, 그녀는.
   나는 온다 [교체연습] 간다, 듣는다, 말한다, 쓴다, 본다.
5. 너는 오지 않는다. [교체연습] 나는, 너는, 그녀는.
   [교체연습] 간다, 듣는다, 말한다, 쓴다, 본다.
6. 당신이 옵니까 ?
   그가 옵니까 안옵니까?
   [교체연습] 간다, 듣는다, 말한다, 쓴다, 본다.

제2과 당신은 바쁘십니까?   51

1. 죄송합니다. 괜찮습니다.
2. 감사합니다. 천만에요
3. 당신은 바쁘십니까?
   저는 매우 바쁩니다. 당신은?
   저 또한 매우 바쁩니다.
   [교체연습] 당신들은 - 우리들은 / 잘 지내십니까?, 그들은 /피곤합니까?, 그녀들은/ 배가고픕니까?
4. 당신의 아버님 어버님은 모두 잘 지내십니까?
   그들 또한 모두 잘 지내십니다. 당신은?
   저 또한 잘 지냅니다.
   [교체연습] 오빠 ,언니, 남동생, 여동생.
5. 당신은 바쁩니까 안 바쁩니까?
   저는 그리 바쁘지 않습니다.
   [교체연습] 매우, 대단히.

제3과 저는 학생입니다.   61

1. 당신은 선생님이십니까? 네, 저는 선생님입니다.
   그는 선생님입니까 아닙니까? 아닙니다. 그는 학생입니다.
   그는 당신들의 선생님입니까? 아닙니다, 그는 우리들의 친구입니다.
2. 이것은 책입니까? 아닙니다. 이것은 사전입니다.
   그것은 신문입니까 아닙니까? 아닙니다. 그것은 잡지입니다.
   이것은 당신의 필기구입니까? 아닙니다. 이것은 그의 필기구입니다.
3. 이것은 무엇입니까? 이것은 컴퓨터입니다.
   이분은 누구의 같은 반 친구입니까? 이분은 저의 같은 반 친구입니다.
   그녀는 누구입니까? 그녀는 제 아내입니다.
   그 사람은 누구입니까? 그 사람은 제 남동생입니다.
4. 당신은 어느 나라 사람입니까? 저는 한국 사람입니다.
   그는 중국사람 입니까? 아닙니다. 그는 일본사람입니다.
   그는 독일사람 입니까 아닙니까? 아닙니다. 그는 프랑스사람입니다.
   그녀는 미국사람입니까? 아닙니다. 그녀는 영국사람 입니다.

제4과 당신은 무엇을 배우십니까?

1. 당신은 무엇을 배우십니까? 나는 중국어를 배웁니다.
   [교체연습] 한국어, 영어, 일어, 독일어, 프랑스어.
2. 당신은 무엇을 드십니까? 나는 국수를 먹습니다.
   [교체연습] 빵, 만두, 밥, 소가 없는 찐빵, 소가 있는 찐빵.
3. 당신은 무엇을 마십니까? 나는 코카콜라를 마십니다.
   [교체연습] 오룡차, 과일주스, 광천수, 우유차, 요구르트.
4. 당신은 무엇을 삽니까? 나는 책을 삽니다.
   [교체연습] 핸드폰, 책가방, 카세트테이프, CD, 노트.
5. 당신의 성은 ? 제 성은 이씨입니다. 木자와 子자로 이루어진 李씨입니다.
   당신의 성은 무엇입니까? 제 성은 왕씨입니다. 왕은 王朝의 王씨 입니다.
   그의 성은 무엇입니까? 그의 성은 조씨입니다. 조는 曹操의 曹씨 입니다.
   당신의 이름은 무엇입니까? 제 이름은 李明이라고 합니다.
   明은 明天(내일)의 明입니다.

제5과 사과 한 근에 얼마입니까?

1. 사과 한 근에 얼마입니까? 1.2원 입니다.
   [교체연습] 세 근의 여지, 이십원.
   한 근의 수박, 0.5원.
2. 한 잔의 커피는 얼마입니까? 6원입니다.
   [교체연습] 한 병의 우유, 3.3원   한 캔의 맥주, 4.2원
   두 자루의 연필, 1.9원 한 박스의 볼펜 9.09원
   세 자루의 만연필, 15원
3. 이 책은 어떻게 팝니까? 이 책은 10.87원입니다.
   [교체연습] 그 사전, 21.8원
4. A : 당신은 무엇을 사려고 합니까?
   B : 저는 한 병의 맥주와 한 권의 노트를 사려고 합니다. 모두 얼마입니까?
   A : 한 병의 맥주는 3.5원이고 한 권의 노트는 1.4원입니다. 모두 4.9원입니다.
   B : 5원을 드리지요
   A : 0.1원을 거슬러 드리지요.

제6과 당신은 어디에서 일을 하십니까?

1. 당신은 어디에 있습니까? 저는 집에 있습니다.
   [교체연습] 학교, 교실, 기숙사, 식당, 상점.
   당신은 어디에 살고 있습니까?   서울, 상해, 천진, 광주, 청도.
2. 당신은 어디에 가십니까? 저는 고궁에 갑니다.
   [교체연습] 천안문, 장성, 향산, 북해공원, 이화원.
3. 당신은 어디에서 공부하십니까? 저는 북경대학에서 공부합니다.
   [교체연습] 당신은 어디에서 일을 하십니까? 병원, 은행, 회사.
4. 당신은 어디에서 중국어를 공부하십니까? 저는 북경대학에서 중국어를 공부합니다.
   당신은 어디에서 물건을 삽니까? 저는 슈퍼마켓에서 물건을 삽니다.
   당신은 어디에서 책을 봅니까? 저는 도서관에서 책을 봅니다.

5. 말씀좀 여쭙겠습니다만, 인문대학은 어디에 있습니까? 죄송합니다만 저는 모르겠습니다.
  말씀좀 여쭙겠습니다만, 식당은 어디에 있습니까? 바로 이곳에 있습니다.

제7과 당신의 집 식구가 몇 명입니까?

1. A : 당신의 집 식구가 몇 명입니까?
   B : 우리집에는 네 명의 식구가 있습니다 .
   A : 당신의 집에 가족구성원이 어떻게 됩니까?
   B : 우리집에는 아버님, 어머님, 오빠와 저가 있습니다.
   A : 당신의 부모님은 올해 연세가 어떻게 되십니까?
   B : 제 아버님은 65세이시고 , 제 어머님은 61세이십니다 .
2. A : 당신은 올해 나이가 몇 살입니까?
   B : 저는 올해 33살입니다.
   A : 당신은 아이가 있습니까 없습니까?
   B : 저는 두 명의 아이가 있습니다. 하나의 여자아이와 하나의 남자아이입니다.
   A : 아이들이 올해 몇 살입니까?
   B : 여자아이는 8살이고 남자아이는 5살입니다.
     여자아이는 초등학교에 다니고 남자아이는 유치원에 다닙니다. 그들은 정말 귀여워요.

제8과 오늘은 몇월 몇일입니까?

1. 오늘은 몇월 몇일입니까? 오늘은 7월14일입니다.
   [교체연습] 내일 7월15일.
         엊그제 7월12일.
         내일모레 7월16일.
         그그저께 7월11일.
         내일모레글피 7월17일.
2. A : 오늘은 무슨 요일 입니까?
   B : 오늘은 수요일입니다.
   A : 이번주 토요일은 6월11일입니다.
     다음주 수요일은 몇월 몇일입니까?
   B : 6월15일 입니다.
   A : 이번주 목요일은 9월21일입니다.
     저번주 목요일은 몇월 몇일입니까?
   B : 저번주 목요일은 9월 14일입니다.
3. 당신은 몇 년도에 태어났습니까?
   저는 1990년도에 태어났습니다.
   당신은 무슨띠입니까? 원숭이 닭 아니면 양띠?
   저는 말띠입니다.
   당신의 생일은 몇월 몇일입니까? 저의 생일은 12월 25일입니다.
   양력입니까? 아니면 음력입니까?
   양력 12월 15일입니다. 그날은 성탄절입니다.

제9과 지금 몇 시입니까?

1. A : 지금 몇 시입니까?
   B : 지금 오후 2시25분입니다.
   A : 당신은 아침 몇 시에 일어납니까?
   B : 아침 7시에 일어납니다.
   A : 몇 시부터 몇 시까지 수업을 합니까?
   B : 저는 오전8시부터 12시까지 수업을 합니다.
   A : 몇 시에 점심을 먹습니까?
   B : 저는 일반적으로 낮 12시 반에 점심밥을 먹습니다.
   A : 오후에 당신은 무엇을 합니까?
   B : 오후에 저는 어떤 때는 수업을 하고 어떤 때는 도서관에 가서 책을 봅니다.
   A : 저녁에는 몇 시에 잠을 잡니까?
   B : 저녁 11시쯤에 잠을 잡니다.
2. A : 오늘 저는 시험이 있습니다.
   B : 시험은 몇 시에 시작합니까?
   A : 오전 8시에 시작합니다.
   B : 몇 시에 끝납니까?
   A : 11시45분에 끝납니다.
   B : 오늘 우리 함께 점심밥을 먹을래요 좋습니까?
   A : 좋습니다.
   B : 우리 어디에서 만날까요?
   A : 우리 학교정문입구에서 만나죠.
   B : 12시 10분전에 만나죠? 좋습니까?
   A : 좋습니다.
3. A : 당신은 오늘 시험은 무슨 과목입니까?
   B : 중국어 회화시험입니다.
   A : 중국어 회화시험은 어떻게 봅니까?
   B : 선생님이 중국어로 몇 개의 문제를 내고 학생으로 하여금 중국어로 문제에 답하게 합니다.
   A : 어렵습니까 어렵지 않습니까?
   B : 매우 어렵습니다.
   A : 시험 볼 때 매우 긴장해서 말도 유창하게 못합니다.
   B : 시험 볼 때 제발 긴장하지 마세요.
   A : 방법이 없습니다. 시험은 항상 우리들로 하여금 긴장하도록 합니다.

제10과 북경역은 어떻게 갑니까?

1. A : 말씀 좀 여쭙겠습니다만 북경역은 어떻게 갑니까?
   B : 여기서 줄곧 앞으로 가셔서 사거리에서 좌측으로 꺽으세요.
   A : 이곳에서 멀어요 안멀어요?
   B : 그리 멀지 않습니다. 대략 300미터정도 걸으시면 바로 도착합니다.
2. A : 북경호텔은 어떻게 갑니까? 여기서 얼마나 멉니까?
   B : 당신은 먼저 큰길을 건너고 그런다음 큰길 맞은 편에서 8번 버스를 타시고 20분정도 가면 도착합니다.
   A : 러쉬아워 시간에 차가 막힙니까? 안막힙니까?
   B : 당연히 막히죠. 러쉬아워 시간에 당신은 그래도 걸어서 가는 편이 낫죠.
   A : 그러면 우리 걸어서 가시죠.

3. A : 말씀좀 여쭙겠습니다만 북경역에서 북경사범대학 동문은 어떻게 갑니까?
   B : 당신은 이곳에서 먼저 지하철을 타시고 적수담역에서 내려서 남문으로 나오셔서 22번 버스를 타고 다음 정거장에서 내리면 바로 북경사대입니다.
   A : 학교안에 신화서점이 있습니까?
   B : 당연히 있죠.
   당신은 동문으로 들어가자마자 서쪽을 향해서 20미터정도 가시면 바로 안경점이 하나 있습니다. 안경점옆에는 슈퍼마켓입니다.
   슈퍼마켓맞은편에는 중국은행이 있습니다. 중국은행 동쪽은 한국음식점입니다. 신화서점은 바로 한국음식점 북쪽에 있습니다.

제11과 당신은 어떤 음식을 시키시려구요?

1. A : 아가씨 우리에게 메뉴판을 주십시오.
   B : 이게 메뉴판입니다. 당신들은 무슨 음식을 시키겠습니까?
   A : 糖醋肉하나와 京酱肉丝하나요.
   B : 주식은요?
   A : 양주볶음밥을 주세요.
   B : 무슨 탕을 원하십니까?
   A : 달걀탕요.
   B : 음료는요?
   A : 맥주 한 병요.
   B : 무슨맥주?
   A : 청도맥주
   A : 아가씨 계산해주세요.
   B : 선생님 모두 85원입니다.
   100원을 주셨으니 제가 15원을 거슬러 드릴께요.
   다음에 또 오세요.
   A : 안녕히 계세요.
2. A : 오늘은 제가 한턱 낼께요. 우리 무슨 음식을 먹을까요?
   당신 생각에 한국음식이 어떻습니까?
   B : 제 생각에 한국음식은 좀 매워요.
   A : 김치는 비교적 맵지만 불고기는 조금도 맵지 않아요.
   만약 당신이 매운 것을 먹기 좋아하지 않는다면, 그러면 불고기를 먹죠.
   B : 좋습니다. 그러나 저는 사천사람이라서 매운 것을 먹을 수 있어요.
   A : 그러면 너무 좋네요.
   B : 오늘은 당신이 한국음식을 대접하니까, 다음에는 제가 사천요리를 대접하죠.
3. 중국음식은 중국문화의 중요한 부분이며, 색과 향 과 맛을 매우 중요시 합니다
   중국요리는 주요하게는 8가지로 나눕니다.
   鲁菜(산동요리), 川菜(사천요리), 粤菜(광동요리), 淮扬菜(강조요리가 주된 요리), 闽菜(복주요리 위주의 민요리), 浙菜(절강요리), 湘菜(호남요리), 徽菜(안휘요리).
   지역에 따라 동쪽은 맵고 서쪽은 시고 남쪽은 달고 북쪽은 짜다는 견해가 있습니다
   중국요리의 재료는 매우 특별합니다.
   예를 들면, 제비집요리, 상어지느러미, 곰발바닥, 원숭이골 등
   그러나 이러한 재료는 동물보호와 관련이 있어서 만들기 쉽지 않습니다.

제12과 당신은 중국어를 할 수 있습니까?

1. A : 당신은 영어를 할수 있습니까?
   B : 저는 영어를 할수 있고 영어이외에 또 중국어도 할수 있습니다.
   A : 저는 정말 당신이 부럽습니다. 외국어를 배우는게 어렵습니까.
   B : 어렵긴 어렵습니다만, 그러나 매우 재미있습니다.
2. A : 小王 당신은 중국사람과 대화 할수 있습니까?
   B : 저는 중국사람과 대화할수 있습니다.
   A : 그러면 당신은 저에게 중국어를 가르쳐주실수 있습니까?
   B : 당신은 중국어를 배우고 싶습니까?
   A : 저는 중국어를 배우고 싶습니다.
   B : 좋습니다. 내일부터 제가 당신에게 중국어를 가르쳐 드리죠.
3. A : 아가씨 저 바지가 매우 보기 좋은데 제게 한번 보여주시죠, 색깔도 아름답고,
   모양도 좋네요. 제가 입어 봐도 좋습니까?
   B : 당연히 괜찮죠.
   A : 이 바지는 좀 길어요, 좀 짧은 게 있습니까?
   B : 그러면 당신은 이 바지를 한번 입어보시죠.
   A : 좋습니다. 이 바지는 저에게 정말 잘 맞네요.
   이 바지 얼마에요?
   B : 128원입니다.
   A : 128원요? 너무 비싸요. 좀 싸게 해 주실수 있습니까?
   B : 죄송합니다. 우리는 정찰제입니다.
   A : 그러면 제가 150원을 드리겠습니다.
   B : 22원을 거슬러 드릴께요?
   A : 이곳에 바지이외에 치마는 없나요?
   B : 죄송합니다. 우리 이곳에는 바지이외에는 다른 것은 없습니다.
   다음에 또 오십시오.

제13과 자기소개

여러분 안녕하세요! 저는 장란이라고 합니다. 여러분들을 알게 돼서 매우 기뻐요.
지금부터 제 소개를 한번 해볼께요.
저는 중국사람입니다. 대학 다닐 때 한국어를 배운 적이 있습니다, 그러나 그리 잘하지 못합니다.
저는 비록 여학생이지만 그러나 운동을 좋아합니다.
배드민턴, 축구, 배구, 수영 모두 좋아합니다.
저는 중국에 있을 때 매주 같은반 친구들과 함께 운동을 했고 매우 유쾌하게 놀았습니다
저는 운동을 좋아하기 때문에 그래서 매우 건강합니다.
저는 학생기숙사 505호에 삽니다.
저는 한 일본 친구와 함께 살고 있고, 최근에 우리는 마침 태권도를 배우고 있습니다
저는 이곳에서 많은 친구들을 사귀었습니다. 여러 나라의 친구를 사귄다는 것은 매우 큰 의미가 있습니다.
친구들 중에는 미국친구, 유럽친구, 또 아프리카친구도 있습니다.
우리는 유쾌하게 함께 생활하고 있습니다.
제가 한국에 온지 이미 3개월이 지났습니다.
매주마다 식구들에게 편지를 써서 이미 12통의 편지를 썼습니다.
저는 한국에서 생활하는 것이 그리 익숙치 않고, 잘 모르는 부분도 많으니 많은 가르침 부탁드립니다.
여러분 감사합니다.

MEMO

洪 映 熙

略歷：1989년 2월 江原大學校 中語中文學科 卒業
　　　1997년 7월 中國 南開大學 漢語文字學 專攻 碩士卒業
　　　2000년 7월 中國 北京師範大學 漢語文字學 專攻 博士卒業
　　　2005년 3월 ～ 現在 江陵原州大學校 中語中文學科 敎授
譯書：漢字構形學講座 및 漢字學의 誕生과 發展
論文：六書法과 構形學理論의 構形모델 比較
　　　構形學理論으로 考察한 中國語 基本語彙漢字
　　　居延漢簡의 異寫字와 異構字
　　　居延漢簡의 書寫特徵 隷書와 草書中心으로
　　　居延漢簡의 習字簡 考察등 다수

중국어 첫걸음

초판 1쇄 인쇄　2012년 2월 10일
초판 1쇄 발행　2012년 2월 28일

저　　자　홍영희
발 행 인　윤석현
발 행 처　제이앤씨
책임편집　최인노
등록번호　제7-220호

우편주소　⑨ 132-702 서울시 도봉구 창동 624-1
　　　　　　북한산 현대홈시티 102-1206
대표전화　02) 992 / 3253
전　　송　02) 991 / 1285
홈페이지　http://www.jncbms.co.kr
전자우편　jncbook@hanmail.net

ⓒ 홍영희 2012 All rights reserved. Printed in KOREA

ISBN 978-89-5668-889-3　　13720　　정가 13,000원

* 이 책의 내용을 사전 허가 없이 전재하거나 복제할 경우
　법적인 제재를 받게 됨을 알려드립니다.
** 잘못된 책은 구입하신 서점이나 본사에서 교환해 드립니다.